Der Werratal-Radweg

Von Neuhaus am Rennweg bis Hann. Münden

306 km

Gabi Weisheit/Lutz Gebhardt

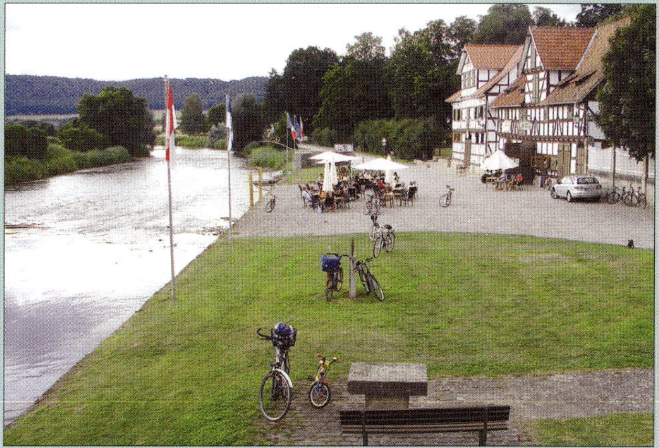

grünes herz

Trotz gewissenhafter Bearbeitung kann eine Haftung für den Inhalt nicht übernommen werden. Für aktuelle Ergänzungen und Anregungen ist der Verlag jederzeit dankbar. Wir bedanken uns bei allen, die uns unterstützt haben.

Impressum

Am Hang 27–28, 98693 Ilmenau
Tel.: 03677 / 46628-0, Fax: 03677 / 46628-80
www.gruenes-herz.de

Fotos:	Gabi Weisheit; außer Titel (links, rechts, kleines Foto links), Seiten 7, 10-12, 16-24, 27, 30, 31 (links), 33, 37, 38, 41 (links), 49, 52-66, 67 (links), 71, 72, 78, 79, 82, 86, 88, 89 (links), 90, 107: Lutz Gebhardt; Titel (kleines Foto rechts), Seite 9: Anette Cotta; Seite 34: Foto & Video Mario Wimmer; Seite 50: Gästeinformation Breitungen
Layout, Satz:	Sibylle Senftleben
Schrift:	Franklin Gothic Book
Titelgestaltung:	Atelier für Grafik-Design Katharina Kerntopf, Ilmenau
Redaktion:	Anette Cotta
Druck:	druckpunktmitte UG, Suhl
Kartographie:	mr-kartographie, Gotha

2. stark überarbeitete Auflage 2015

ISBN 978-3-86636-123-2

Titelfotos: links: Die Werraquelle bei Fehrenbach
Mitte: Die siebenbogige Werrabrücke in Creuzburg
rechts: Blick auf Themar
kleines Foto links: Wanfried
kleines Foto rechts: Hann. Münden

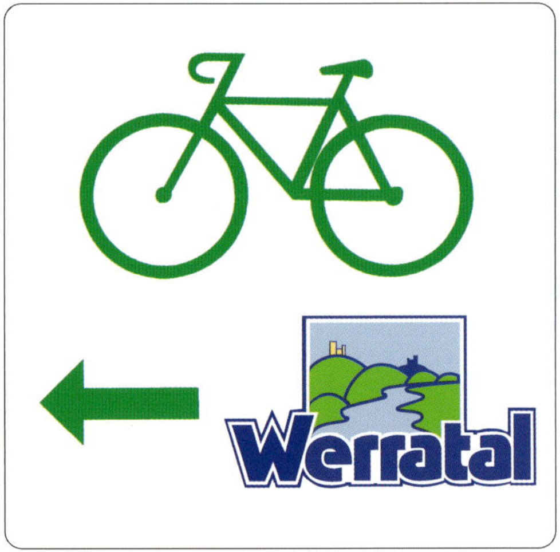

306 km

Inhalt

Zeichenerklärung

- Eisenbahnlinie mit Bahnhof
- Industriegleis
- 4 Autobahn
- 7 Bundesstraße
- Landstraße
- Fahrweg; Treppe
- Weg; Pfad, Schneise
- Stadtmauer
- Fähre, Schiffslinie
- Liftanlage, Schlepplift
- R Rennsteig
- Landesgrenze
- Grenze Naturpark
- NSG Grenze Naturschutzgebiet (NSG)
- Bebauungsfläche
- Wald, Park
- Garten, Grünfläche
- Sperrgebiet
- 232 —240— Höhenpunkt; Höhenlinie (Abst. 20m)
- Steinbruch; Halde; Böschung
- Kleine Reliefformen (Klippe; Kuppe; Loch)
- Höhle; Hügelgrab; Wallanlage
- Bergwerk; Bergwerk stillgelegt
- Bett+Bike - Fahrradfreundliche Gastbetriebe*
- Hotel; Herberge; Jugendherberge
- Feriendorf; Campingplatz; Gaststätte

*(Gastbetriebe welche die Qualitätskriterien des ADFC erfüllen und sich somit besonders auf die Bedürfnisse von Rad fahrenden Gästen einstellen)

- Werratal Werratal-Radweg (Hauptroute)
- Sonstiger Radwanderweg (Nebenroute)
- - gute Oberfläche (Asphalt, Beton, Verbundpflaster u. ä.)
- - mäßige Oberfläche (Wassergebundene Decken, feste und etwas unebene Wege)
- - schlechte Oberfläche (Kopfsteinpflaster, sehr holprige oder sandige Wege)
- - unvermeidbarer Lückenschluss (starker Autoverkehr)
- 2 - mit Entfernungsangabe (in Kilometer/gerundeter Wert)
- Steigung; Starke Steigung; Gefahrenstelle
- Rennsteig-; Schwarzatal-Radwanderweg
- Markierter Radwege
- Werra-Obermain-Radweg; Keltenradweg
- Haseltalradweg; Main-Römhild-Radweg
- Main-Werra-Radweg; Sülzetalradweg
- Rhön-Rennsteig-Radweg
- Mommelsteinradweg
- Rosatal-; Tannhäuser Radwanderweg
- Feldatal-Radweg; Rhönradweg
- BahnRadweg Hessen; Ulstertalradweg
- R14 R15 Waldhessen lokale Route R14/R15
- Solztalradweg; D-Route 4 (Mittellandroute, ca. 1045km)
- Herkules-Wartburg-Radweg/-Alternativ
- Gelbe/Blaue Route Nationalpark Hainich
- Haineck-; Unstrut-Werra-Radweg
- R5 Markierte Fernradwege in Hessen
- M Meißner-Radrundweg
- BS8 Radrundweg um Bad Sooden-Allendorf

- R1 Fulda-Radweg/ Hessischer Radfernweg R1
- Leine-Werra-Radweg
- Weser-Harz-Heide Radfernweg
- D-Route 9 (Weser-Romantische Straße, ca. 1197km)
- Weser-Radweg
- Aussichtsturm; Sternwarte
- Aussicht; Aussichtsplattform
- Windmühle; Turm
- Schleuse; Wehr
- Techn. Denkmal; Denkmal
- Baudenkmal; Museum
- Burg, Schloss; Ruine
- Kirche; Kloster
- Kapelle; Friedhof
- Kunstprojekt; Hofladen
- Theater; Freilichtbühne
- Kulturhaus; Kino
- Touristinformation
- Ausflugsgaststätte (Auswahl)
- Imbiss; Café
- Hotel; Jugendherberge
- Campingplatz
- Wohnmobilstellplatz
- Sportplatz; Spielplatz
- Tennisplatz; Minigolf
- Segelflug-; Drachenflugplatz
- Bergwachthütte
- Rennsteighaus

- Windkraftanlage; Funkturm
- Rastplatz; Schutzhütte
- Grillplatz; Grillhütte
- Für Kfz gesperrt
- Fahrradvermietung; -werkstatt
- Parkplatz; Parkhaus
- Tankstelle; Autobahnraststätte
- Freibad, Bademöglichkeit
- Schwimmhalle; Erlebnisbad
- Kurhaus; Kneippbecken
- Bootsvermietung; Angeln
- Hafen; Segeln, Surfen
- Bootsanlegestelle
- Rastplatz für Wasserwanderer
- Ein-/Aussetzstelle für Boote
- Sprungschanze
- Wassermühle; Kläranlage
- Quelle; Wasserfall
- Fließrichtung
- Naturparkinformation
- Botanischer Garten; Park
- Tierpark; Naturdenkmal
- Hervorragender Baum
- Klinik; Krankenhaus
- Sonstige Sehenswürdigkeit

Maßstab 1 : 50 000

0 500 1000 1500m

Einführung

Zum Geleit:

Der Autor des spiralgebundenen Radtourenführers ist ein erfahrener und engagierter Radfahrer, der die Route für jede Auflage mit dem Fahrrad neu abgefahren ist und sie auf ihre Qualität geprüft hat. So kann er den Wegeverlauf sowie das Sehenswerte entlang der Strecke mit hoher Fachkompetenz beschreiben. Der Verlag arbeitet außerdem eng mit den Touristinformationen und anderen Gebietskörperschaften vor Ort zusammen, um immer auf dem neusten Stand zu bleiben, auch was die Informationen links und rechts des Weges betrifft. Hinweise und neue Erkenntnisse, die noch vor Redaktionsschluss eintreffen, werden für jeden Neudruck berücksichtigt, so dass Sie ein hochwertiges Produkt als Begleiter für Ihre Radreise haben.

Zum Gebrauch des Radroutenführers:

Der Radführer ist mit detaillierten Karten im Maßstab 1:50.000 ausgestattet. In größeren Städten erleichtern Innenstadtpläne die Orientierung.

Die Hauptroute ist in der Karte als markante rote Linie dargestellt. Durchgezogene Linien stehen für Asphalt, Beton u.ä. gestrichelte für wassergebundene Decken und gut zu befahrende Waldwege, während die kurz gestrichelte Signatur auf Wegeabschnitte mit schlechter Oberfläche hinweist. Das gilt auch für Alternativrouten oder Abstecher zu spannenden Entdeckungen abseits des Weges, die in Orange dargestellt sind.

Die Hauptroutenbeschreibung ist in grüner Schrift gesetzt. Interessantes Hintergrundwissen finden Sie in den grünen Kästen. Um die Nebenroutenbeschreibung gut von der Hauptroute unterscheiden zu können, wurde diese in blauer Farbe gedruckt, so dass man sie leicht überspringen kann, wenn man sie nicht fahren möchte.

Übernachtungen:

Speziell für den radelnden Gast bieten die Bett+Bike-Betriebe ihren Service an. Wer es schlichter möchte, fährt auf einen Campingplatz. Für beides findet sich im Anhang eine vollständige Übersicht der Einrichtungen, die sich in der Umgebung des Radweges befinden. Weitere Übernachtungen gibt es bei:
ADFC-Dachgeber: www.dachgeber.de
Deutsches Jugendherbergswerk: www.djh.de

Außerdem stellen touristische und gastronomische Betriebe ihre Leistungen im Anhang dar. Damit Sie wissen, an welcher Stelle Sie besondere Angebote finden, gibt es bei der Wegebeschreibung einen Querverweis auf die Seite im Anhang und umgekehrt.

Reise mit der Bahn:
Wer mit der Bahn anreist, kommt mit der Süd.Thüringen.Bahn (STB) bis Neuhaus am Rennweg und kann ab hier seine Reise zu den Werra-Quellen beginnen. Die Bahn fährt von Eisenach über Meiningen nach Sonneberg und endet in Neuhaus a. Rwg. Eisenach ist an das Netz der Deutschen Bahn angeschlossen und hat einen ICE-Haltepunkt.
Oder man steigt in Eisfeld aus, von dort auf dem Werratal-Radweg zu den Quellen und wieder zurück radeln.
Tipp: An den Wochenenden und feiertags fährt die STB von Erfurt über Ilmenau zum Bahnhof Rennsteig. Von dort auf dem Rennsteig Radweg zum Beginn des Werratal-Radweges am Dreistromstein bei Siegmundsburg.

Informationen unter:
Süd.Thüringen.Bahn: Tel.: 03693 / 50860
Erfurter Bahn: Tel.: 0361 / 74207250

DB-Radfahrer-Hotline mit Informationen zu Reiseverbindungen, Fahrplänen und Fahrpreisen: 01806 / 996633 (20 ct./Min. aus dem Festnetz, Tarif bei Mobilfunk max. 60 ct./Min.) oder unter www.bahn.de.
Verkehrsverbund Mittelthüringen: Die Fahrradmitnahme in Bus und Straßenbahn kostet verbundweit 1,30 Euro und gilt ab Entwertung 6 Stunden. In den Nahverkehrszügen der DB Regio, Erfurter Bahn und Süd.Thüringen.Bahn ist die Fahrradmitnahme kostenfrei im Rahmen freier Kapazitäten möglich. Es gilt: in den dafür speziell eingerichteten Abteilungen haben Kinderwagen und Rollstuhlfahrer Vorrang. Gruppenreisende sollten Hauptverkehrszeiten meiden und sich vorher informieren. Bitte beachten, dass überregionale Züge nicht an jedem Bahnhof halten.

Möglich ist eine Anmeldung unter: info@sued-thueringen-bahn.de

Der Werratal-Radweg hat einen wunderbaren Vorteil für Ungeübte und Anfänger: Gerade da, wo die Strecke anspruchsvoll bis sportlich verläuft – fährt parallel die STB. Man kann also umsteigen, wenn die Kräfte nachlassen oder sich Zeit lassen, hat man etwas Schönes entdeckt. Zwischen Eisenach und Eisfeld (über Meiningen) fährt die Bahn tagsüber und werktags im Stundentakt.

Nicht ganz so gut ist die Verbindung von Eisenach nach Hann. Münden. Hier gibt es entlang der Werra nur Strecken zwischen Gerstungen und Eisenach sowie zwischen Eschwege (West) und Hann. Münden. Zwischen Herleshausen und Eschwege besteht eine direkte Bahnverbindung zum Stadtbahnhof Eschwege. Die Fahrradmitnahme ist kostenlos in Verbindung mit anderen Tickets. Für die **Rückreise** bietet die Cantus Verkehrsgesellschaft ihre Dienste an. Es gibt ab Hann. Münden Verbindungen nach Göttingen, Kassel (Bebra) und Eisenach.

Einführung

Informationen unter: www.dashessenticket.de
Fahrplanauskunft:
0180 / 2340180, www.reiseauskunft.bahn.de
cantus Verkehrsgesellschaft: 0561 / 93074-50

Die Flussradwege beginnen meistens an ihren Quellen im Gebirge. Das sollten Sie bezüglich des Wetters und der Ausrüstung nicht unterschätzen. Ein geländegängiges, robustes Fahrrad ist für eine solche Tour meistens die bessere Wahl.

Gepäcktransfer, Shuttleservice, Radverleih:
TravelButler → Seite 106

Die Werra

Die Werra entspringt am Kamm des Thüringer Waldes und durchfließt in ihrem weiteren Verlauf Thüringen, Hessen und Niedersachsen. In Hann. Münden vereint sie sich mit der Fulda zur Weser. Gleich zwei Quellen im Thüringer Wald lassen sie entstehen. Zwischen Masserberg und Eisfeld ergießt sich bei Fehrenbach die sogenannte „Vordere" Werraquelle. Einige Kilometer weiter entspringt in 800 m Höhe südwestlich von Siegmundsburg, im sogenannten Thüringer Schiefergebirge, die „Hintere" Werra, die bis zur Vereinigung der beiden Quellflüsse als Saar bezeichnet wird. Zunächst ein schmaler Bach, wird sie aufgrund zahlreicher Nebenflüsse zu einem ansehnlichen, breiten Fluss. Die Werra gehört zu den stillen, romantischen Naturschönheiten. Das durch sie entstandene Werratal variiert von bewaldeten Mittelgebirgslandschaften über schroffe Klippen aus Muschelkalk zu breiten, einladenden Flussauen.
Dass ein Fluss zwei Quellen sein Eigen nennt, ist ungewöhnlich. Und so wurde auch bereits 1648 der Streit um die wahre Quelle aktenkundig. 1897 wurde die Fehrenbacher Quelle eingefasst. Unversiegbarkeit und die Bezeichnung Werragrund sollten ihr, im Gegensatz zu dem durch den Saargrund fließenden Gewässer, das Quellrecht sichern. Doch wenige Jahre später, 1910, wurde auch die Saarquelle eingefasst. Mit der politischen Wen-

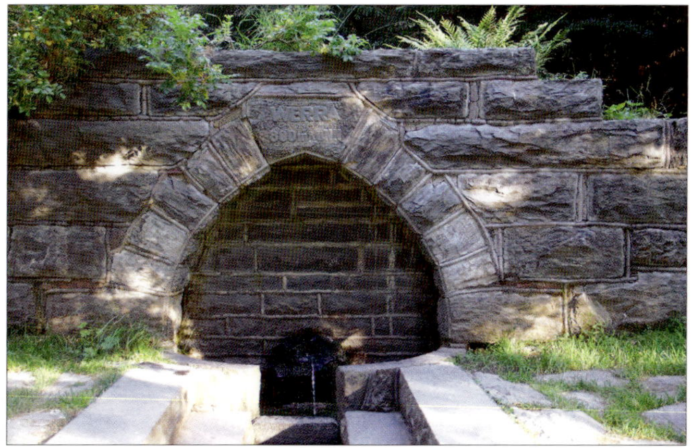

Die Werraquelle bei Siegmundsburg

de brach der Streit erneut aus: 1991/92 wurde die Saarquelle neu gefasst und auf den Namen – „Werraquelle“ getauft! Zudem verkündet eine Tafel „Werraquelle 800 m ü. NN“. Somit liegt sie einige Meter höher als ihre Konkurrentin. Heute hat man sich auf eine gleichwertige Anerkennung beider Werraquellen geeinigt. In Sachsenbrunn fließen beide Bäche nun zur eigentlichen Werra zusammen. Nach nur wenigen Kilometern erreicht sie Eisfeld und nimmt von dort aus ihren Lauf gen Nordwesten. Nach Meiningen fließt die Werra zwischen der Rhön im Westen und dem Thüringer Wald im Osten hindurch. Für einige Kilometer kreuzt sie osthessisches Terrain, bevor sie bei Heringen wieder nach Thüringen zurückkehrt. Zwischen Vacha in Thüringen und Philippsthal in Hessen bildet die Werra auch erstmals die Grenze zwischen den beiden Ländern. In der Zeit der deutschen Teilung war der Werralauf (in einigen Abschnitten zwischen Philippsthal und Treffurt, teilweise auch im Bereich Bad Sooden-Allendorf bis Lindewerra) somit gleichgesetzt mit dem Grenzverlauf der innerdeutschen Grenze. Die Grenzmuseen in Philippsthal und im Schifflersgrund bei Bad Sooden-Allendorf veranschaulichen diese Zeit der deutschen Teilung in der zweiten Hälfte des vergangenen Jahrhunderts.

Ab Merkers beginnt das „Land der weißen Berge“. Hier wird seit Ende des 19. Jahrhunderts Kali abgebaut. Einen anschaulichen Einblick in die „Unterwelt“ liefert das Erlebnis Bergwerk in Merkers. Die weißen Bergkegel sind aufgeschüttete Steinsalzhalden. Wenn ihr bizarrer Anblick auch sehr verführerisch ist, sind sie doch die bedenklichen Zeugen der Versalzung der Werra in den letzten Jahrzehnten. Durch Stilllegung einiger Kalischächte, wie z. B. in Merkers, verbesserte sich die Wasserqualität in den Jahren nach der Wende jedoch erheblich. Dennoch kämpfen Umweltschützer und Anliegergemeinden beständig für eine weitere Eindämmung schädlicher Einleitungen in den Fluss. Immer noch

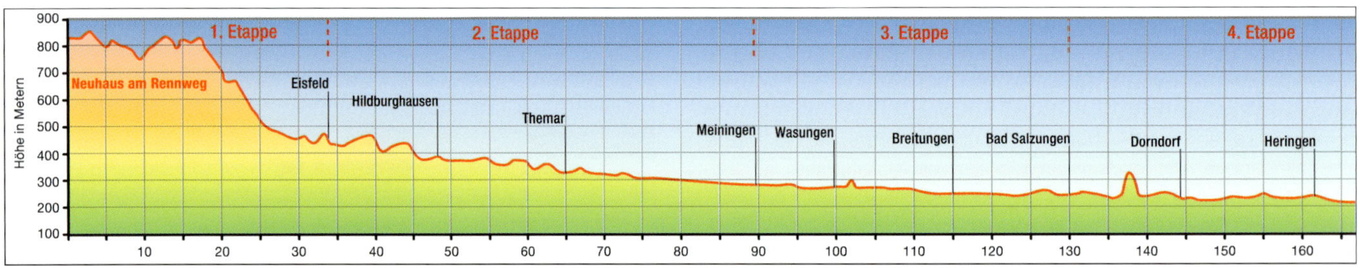

ist das große Salz fördernde Unternehmen bemüht, die abfallende Salzlauge in die Werra einzuleiten.
Die Werra verläuft nun in nordöstliche Richtung und passiert dabei die Kalksteinklippen zwischen dem Seulingswald und dem Thüringer Wald. Hinter Creuzburg beginnt einer der reizvollsten Abschnitte der Werra. Tief eingegraben in Muschelkalk fließt sie auf den Nationalpark Hainich zu, um bei Mihla scharf nach Nordwesten abzubiegen. Der Flusslauf wendet sich gen Treffurt. Breit und behäbig geworden, fließt die Werra gemächlich durch die Flussniederungen bei Eschwege. Nach der Durchquerung der Osthessischen Senke vereint sie sich mit der Fulda in Hann. Münden zur Weser.

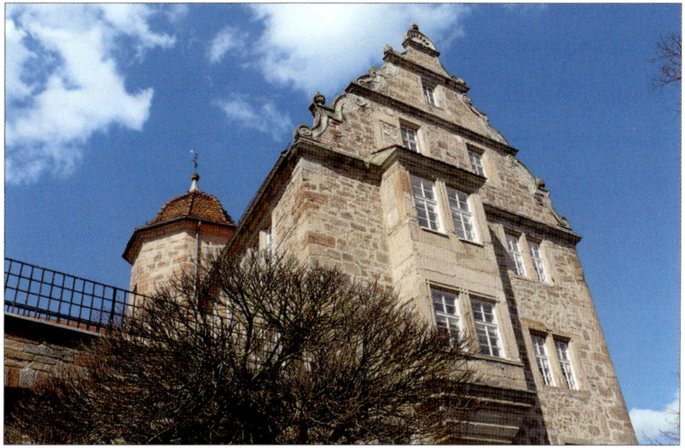

Renaissance in Eschwege – das ehemalige Landgrafenschloss

Kulturhistorisches flussabwärts

Zur landschaftlichen Vielfalt des Werratals gesellt sich ein Reichtum an kulturhistorischen Stätten, die es zu entdecken gilt.

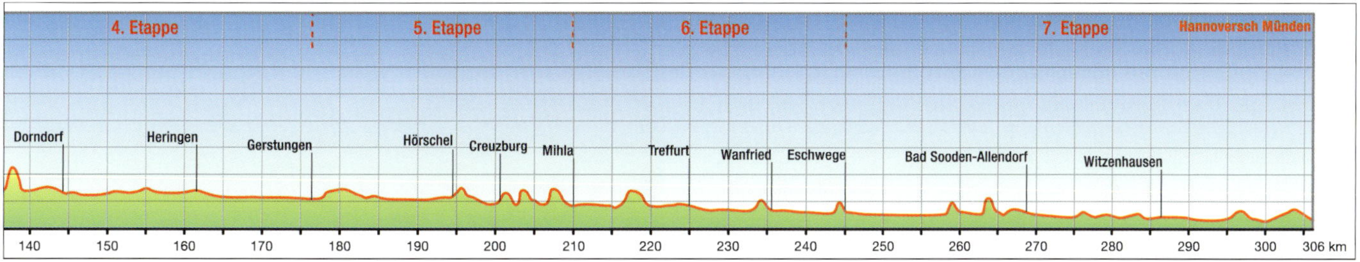

Etwa die dem Dichter Otto Ludwig verpflichtete Kleinstadt Eisfeld mit ihrem Schloss; die ehemalige Residenzstadt Hildburghausen, in der Meyers Lexikon seine Erfolgsgeschichte um die deutschsprachige Welt antrat und die geheimnisumwitterte Legende der Dunkelgräfin anzutreffen ist; die beeindruckende Anlage des Klosters Veßra mit seinem Ensemble hennebergischer, hierher umgesetzter, Fachwerkbauten; die Stadt der sieben Türme: Themar. Die Theaterstadt Meiningen, in der Herzog Georg II. die Theaterwelt Europas reformierte und so Literaten, Schauspieler, Regisseure und Orchester in seinen Bann zog. Nicht zu vergessen die kleinen südthüringischen Dörfer, die mit ihren Wehrkirchen auf eine lange Geschichte zurückblicken. Der Name Wernshausen ist eng mit der Geschichte der Werraflößerei verbunden. Von hier aus wurde das Holz der umliegenden Buchen- und Nadelwälder bis nach Hann. Münden und teilweise bis Bremen geflößt. Aber auch Getreide, Eisen und andere Waren wurden auf der Werra befördert. Die Kurstadt Bad Salzungen markiert den Beginn der Salzvorkommen an der Werra. Noch heute kann man die ionisierte, salzhaltige Luft in den Wandelgängen des Gradierwerkes tief inhalieren. Einen Kulturhöhepunkt bildet die Wartburgstadt Eisenach, die durch ihre Ortsteile heute direkt an der Werra liegt. Auf der Wartburg, der deutschen Burg par excellence, übersetzte Martin Luther das Neue Testament und schuf damit einen wesentlichen Beitrag zur Vereinheitlichung der deutschen Sprache. Auch Walter von der Vogelweide und der Sängerkrieg und das Wirken der heiligen Elisabeth sind eng mit der Burg verbunden. Sehenswert ist Eisenach am Fuße des Thüringer Waldes aber auch dank des Bachhauses, des Stadtschlosses, des Lutherhauses, der Predigerkirche und des Nikolaitors. Creuzburg, mit seiner gleichnamigen Burg und der wunderschönen romanischen Werrabrücke, die historischen Fachwerkstädte Treffurt, Wanfried und Eschwege, die Bäderarchitektur von Bad Sooden-Allendorf und die von Kirschplantagen umgebene Universitätsstadt Witzenhausen sind einige der Höhepunkte entlang des Flusses. Den Abschluss bildet die „Drei-Flüsse-Stadt“ Hann. Münden, die schon Alexander von Humboldt zu den „sieben schönst gelegenen Städten der Welt“ zählte.

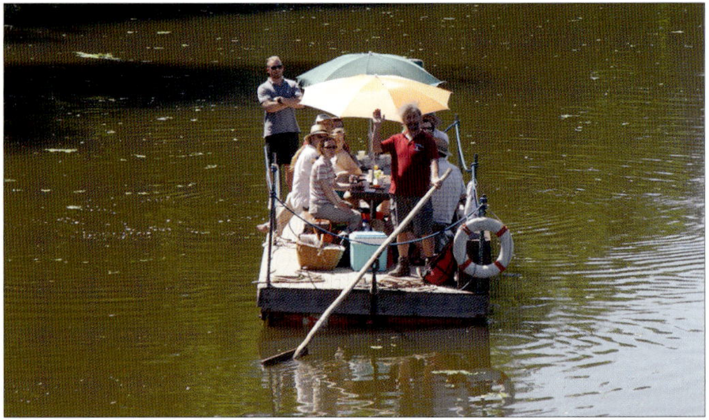

Wasserwandern auf der Werra hat durchaus seine spaßige Seite.

Wasserwandern

Die Werra ist auch von Wassersportlern erobert worden. Das liegt an der Abschaffung des Grenzgebiets und der ungehinderten Querung der thüringisch-hessischen Grenze. In den letzten Jahren wurde eine Wasserwanderstrecke von über 200 km erschlossen. Die Strecke beginnt in Themar, am Oberlauf der Werra. Jeder Ort hat einen Bootsanleger, und alle Wehre haben Umtragestellen. Wer die Seele der Werra vom Wasser aus erkunden möchte, hat die Möglichkeit, an einer der Kanu-, Floß- und Schlauchboottouren teilzunehmen, die entlang des Flusses angeboten werden.

Der Werratal-Radweg

Der Werratal-Radweg hat etwa eine Gesamtlänge von 306 km. In dem hier vorliegenden Radführer wird die Strecke von Neuhaus am Rennweg bis nach Hann. Münden beschrieben. Die Strecke führt meist

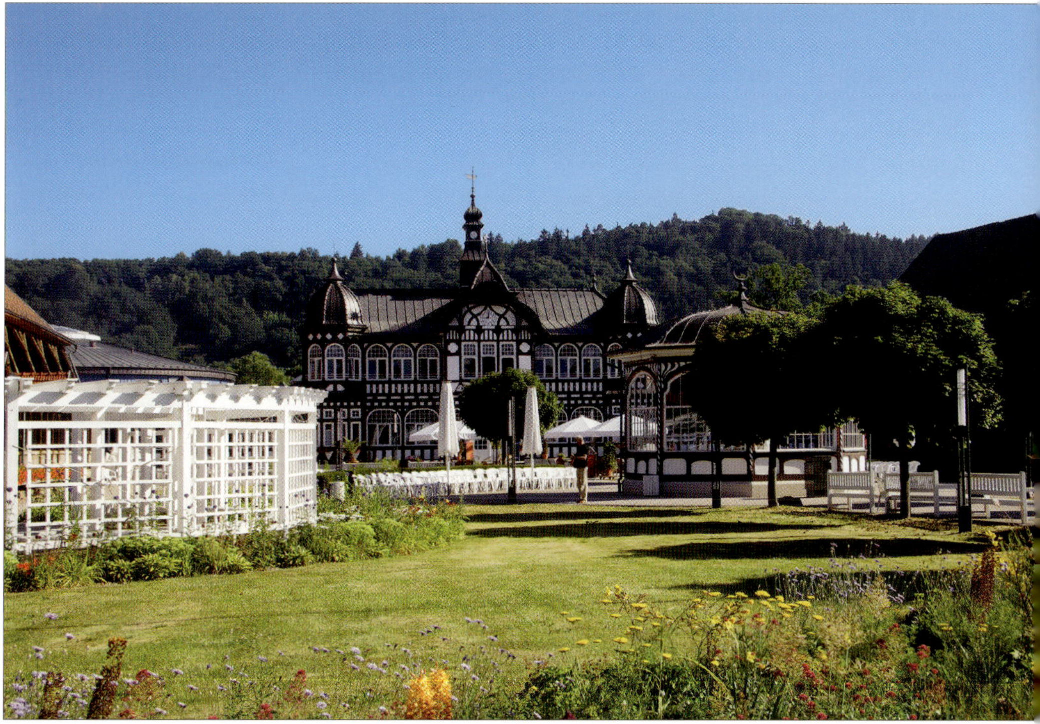

Gradierwerk Bad Salzungen

über gut befestigte oder asphaltierte Rad- und Wirtschaftswege. Nur auf wenigen Abschnitten ist der Belag mäßig oder verläuft der Radweg auf regen Verkehrsstraßen. Die Strecke hat einen niedrigen Schwierigkeitsgrad und lässt sich mit einem dreigängigen Touren- oder Trekkingrad bewältigen. Der Werratal-Radweg ist gut ausgeschildert: das Werratal-Logo (siehe Seite 2) führt uns durchgehend die Strecke entlang.

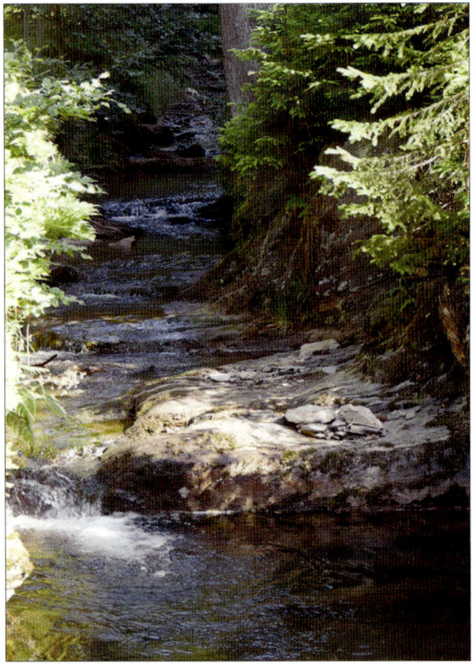

Kleine, muntere Werra

Flüsse sind Natur

Aus der Geschichtsschreibung wissen wir: Es gab schon immer Hochwasser. Auch die Bezeichnung der Medien, „Jahrhundert"-Hochwasser, ist reichlich übertrieben, wenn die Flüsse fast alle 10 Jahre über die Ufer treten und Schaden in Millionenhöhe verursachen. Die Ursachen sind vielschichtig: Klimawandel, Bebauung von Flutflächen, schleppender Ausbau des Hochwasserschutzes – es gibt so viele Ursachen, wie Meinungen dazu. Für die Flussreisenden besteht die Crux, dass sie sich ja direkt am Fluss bewegen möchten, aber die Natur eben auch auf flussnahe Radwege keine Rücksicht nimmt. Wir bitten unsere Leser, sich vor Beginn der Reise zu informieren. Die Touristiker sind bemüht, Nebenrouten auszuweisen. Bitte beachten Sie daher die örtlichen Hinweise zu Umleitungen und gesperrten Strecken. Und bitte daran denken, zuerst muss das normale Leben der Bewohner wieder hergestellt werden, bevor man einen Radweg reparieren kann. Trotzdem und gerade dann sollte man auf seine geplante Reise nicht verzichten und die Leute vor Ort unterstützen, indem man seine Fahrt antritt. Nur dann gibt es eine Chance, dass es wieder aufwärts geht.
Im Falle des Werratal-Radwegs am besten auf www.werratal.de

Anreise: Der Beginn des Werratal-Radwegs liegt an der Werraquelle. Aber es gibt zwei Werraquellen!

Variante 1:
Beginn an der „Hinteren“ Werraquelle bei Siegmundsburg:

1. Anfahrt mit der STB nach Neuhaus am Rennweg
2. Vom Bahnhof Saalfeld (ICE-Anschluss) mit Bus (Nr. 405 der OVG) nach Neuhaus am Rennweg, die in den Sommermonaten sogar mit Fahrradgepäckträger mit Platz für 5 Fahrräder (Anmeldung erforderlich unter 0180 / 3337287) ausgestattet ist.
3. mit dem Auto nach Eisenach oder Meiningen, (beide Städte haben Autobahnanschluss und eine große Auswahl an Beherbergungsbetrieben), hier Quartier nehmen und dann mit der STB nach Neuhaus fahren und von hier die Tour zu beginnen.

Variante 2:
Beginn an der „Vorderen“ Werraquelle bei Fehrenbach:

1. Startort Eisfeld: mit der STB nach Eisfeld, von dort zur Quelle und zurück (je 12 km, 300 Höhenmeter)
2. An den Wochenenden, in den Ferien und feiertags fährt die STB von Erfurt über Ilmenau zum Bahnhof Rennsteig, von dort auf dem Rennsteig-Radweg nach Masserberg und zur Quelle.

Wer also mit der Bahn in **Neuhaus am Rennweg** angekommen ist, kann sich entscheiden, ob er beiden Quellen einen Besuch abstattet oder sich für eine als Startpunkt entscheidet.

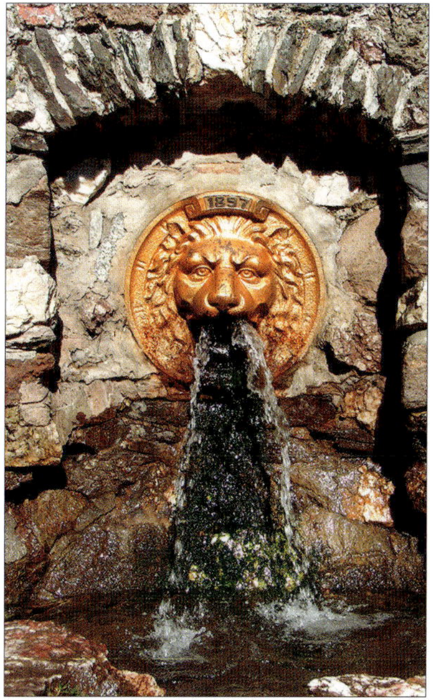

Werraquelle am Zeupelsberg

98724 Neuhaus am Rennweg
ⓘ **Touristinformation**
Tel.: 036729 / 722061
→ *Angebot Seite 106*

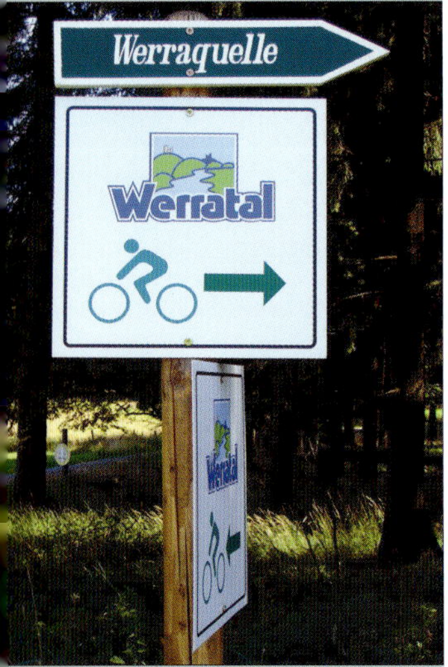

Der Werratal-Wegweiser begleitet uns.

1. Etappe

Aus zwei Quellen entspringt die Werra, zwei Ausgangspunkte markieren somit den Werratal-Radweg. Doch bevor wir uns für die Werraquelle Fehrenbach oder Siegmundsburg entscheiden, radeln wir von dem nächstgelegenen Ausgangsort mit Bahnanschluss, **Neuhaus am Rennweg**, den Rennsteig-Radweg entlang. Der berühmte Wanderweg führt direkt am Bahnhof vorbei. Wir folgen ihm nach links und überqueren die Kreuzung/Kreisverkehr. Danach halten wir uns rechts und starten unsere Radtour in der zunächst asphaltierten Straße „Am Rennweg". Wer zuvor das Haus des Gastes mit Stadtmuseum, Bibliothek und Touristinformation oder die Holzkirche (Schlüssel in Touristinformation) besuchen möchte, nutzt vom Bahnhof aus die Fußgängerüberquerung und fährt über die Fahrradrampe direkt in die Marktstraße – ca. 200 m.

Neuhaus am Rennweg ist einer der höchstgelegenen Orte Thüringens. Seine Lage im Thüringer Schiefergebirge manifestiert sich besonders in der Architektur. Die Stadt ist geprägt von Schieferhäusern. Die **Stadtkirche** von 1892, eine der schönsten noch erhaltenen Holzkirchen Thüringens, ist ganz mit Schiefer gedeckt. Die Entwicklung der einheimischen Glasindustrie ist im **Glas-Technik-Museum (Geißlerhaus)** dokumentiert. Es ist das Geburtshaus von Dr. Heinrich Geißler, dem Erfinder der Geißlerschen Röhre (dem Vorreiter der heutigen Neonröhre). Auch das Museum, das den Namen der Stadt trägt, berührt die Besucher. Es ist ein wahres Erlebnismuseum und löst das Rätsel, weshalb der Rennsteig in Neuhaus *Rennweg* heißt.

Der 168,3 Kilometer lange **Rennsteig** ist wohl der bekannteste Kammweg Thüringens. Er beginnt einige Kilometer westlich von Eisenach am Werraufer und verläuft über die Höhen des Thüringer Waldes, des Thüringer Schiefergebirges und des Frankenwaldes, ehe er bei Blankenstein an der Saale sein Ende erreicht. Der Rennsteig ist auf seiner ganzen Länge mit dem **R** gekennzeichnet. Seit 2000 gibt es den **Rennsteig-Radwanderweg**, der parallel zu seinem Namensgeber verläuft.

Aus dem Bahnhof in Neuhaus kommend, wenden wir uns nach links und folgen dem hier vorbeiführenden **„Rennsteig-Radwanderweg“**. Auf ihm bleiben wir solange, bis wir die „Soldatengräber“ in der Nähe vom Dreistromstein erreicht haben. Unterwegs biegt der Weg nach ca. 3,5 km stark nach links ab. Kurz darauf erreichen wir die „Steinheider Hütte“. Dem rechten Weg folgend – immer noch als „Rennsteig-Radwanderweg“ gekennzeichnet – fahren wir nach ca. 4 km in **Limbach** ein.

In **Limbach** führte Gotthelf Greiner 1772 seinen ersten Porzellanbrand durch und reihte sich damit in die Schöpfergilde des „Weißen Goldes“ ein. Seit 1788 trug das **Limbacher Porzellan** in Anlehnung an die „Blauen Schwerter“ ein gekreuztes lateinisches „L“, später wurde das Kleeblatt als Markenzeichen verwendet. Die Greiner-Gruft erinnert an die Greiner-Familie. Diese Beerdigungsstätte ist eines der wenigen neugotischen Bauwerke Südthüringens. Sie wurde zu einer nichtkonfessionsgebundenen Besinnungsstätte ausgebaut und ist während der Wandersaison uneingeschränkt begehbar.

In **Limbach** überquert man die Hauptstraße und folgt weiter dem „Rennsteig-Radwanderweg“. Nach ca. 2,5 km kommt man an eine Gabelung. Hier sollte man eine Pause einlegen und den Radweg kurz verlassen. Links, ca. 100 m entfernt, steht der **Dreistromstein**, ein besonderer hydrologischer Punkt Europas.

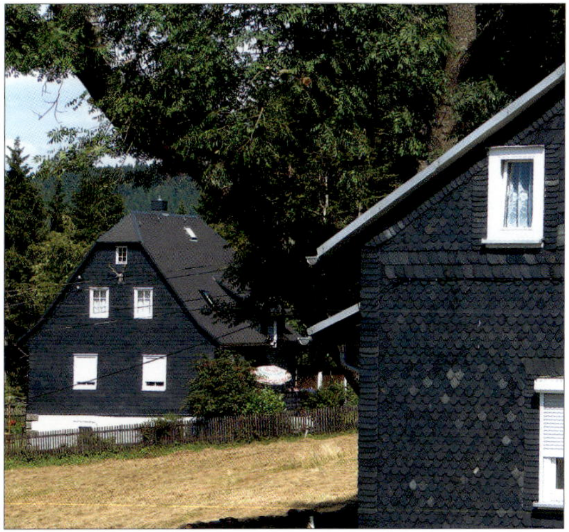

Scheibe-Alsbach –
Schiefer gibt den Orten seine Farbe.

ⓘ **Touristinformation über Neuhaus a. Rwg.**

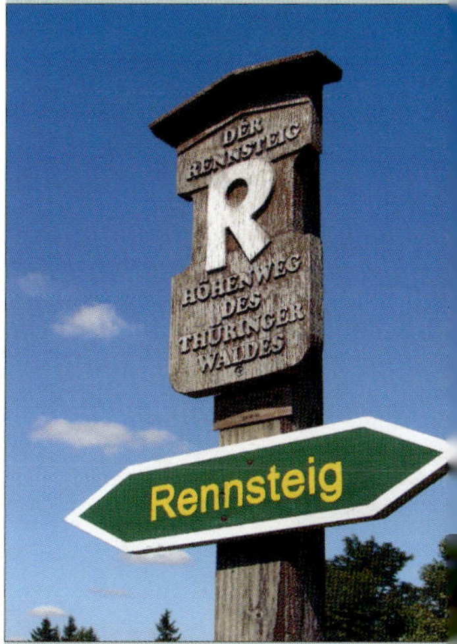

Zweimal trifft man auf den Rennsteig – in Limbach und in Hörschel.

Von Neuhaus a. Rwg. nach Eisfeld (33 km)

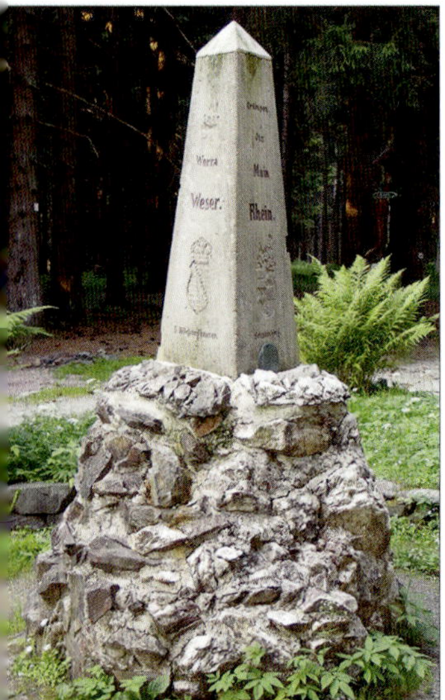

Der Dreistromstein markiert die Wasserscheide am Rennsteig.

Der **Dreistromstein**, ein dreiseitiger Obelisk, markiert die Wasserscheide von Rhein, Weser und Elbe. Der Sockel besteht aus dem für den jeweiligen Flusslauf typischen Gestein: Elbe-Granit, Weser-Grauwacke und Rhein-Quarz.

Abstecher:
Zur nähergelegenen „Hinteren“ **Werraquelle Siegmundsburg** fahren wir links vom Parkplatz auf die Asphaltstraße bis zur T-Kreuzung an der B 281. Auf der gegenüberliegenden Straßenseite entdecken wir einen Wegweiser des Werratal-Radweges. Wir folgen dem Schild nach rechts, an einer Blockhütte vorbei, auf einen kleinen Pfad, der uns an diese Werraquelle bei Siegmundsburg führt.

Zurück auf dem Werratal-Radweg führt uns die Strecke nach **Friedrichshöhe**.

Der kleine Ort **Friedrichshöhe** liegt einsam im Wald, direkt am Rennsteig. Allerdings: Das „Naturparkzentrum Thüringer Wald“ und verschiedene gastronomische Einrichtungen sorgen dafür, dass sich die Gäste wohlfühlen. Wer hier Urlaub macht, bekommt Ruhe, Natur und frische Luft. Interessierte Radler erhalten im **Naturparkzentrum** Informationen zur Einzigartigkeit der Tier- und Pflanzenwelt dieser Landschaft.

Weiter geht's auf dem Werratal- und Rennsteig-Radweg bis zur **Eisfelder Ausspanne**. Der ausgeschilderte Werratal-Radweg biegt nun scharf links ab.

Wer noch die „Vordere“ Werraquelle bei Fehrenbach besuchen möchte, fährt das Stück auf dem Rennsteig-Radweg geradeaus weiter.

Wenn man von der **Werraquelle** spricht, kommt man nicht umhin, auf einen langjährigen Streit zu verweisen. Die erste gefasste Quelle von 1897 liegt am Südhang des Eselsbergs bei Fehrenbach auf 797 m ü. NHN. Diese auch als *Schrödersche Quellfassung* bekannte *Werraquelle* wurde am 14. August 1898 feierlich eingeweiht. Forstmeister Georg Schröder aus Heubach war der Namensgeber.

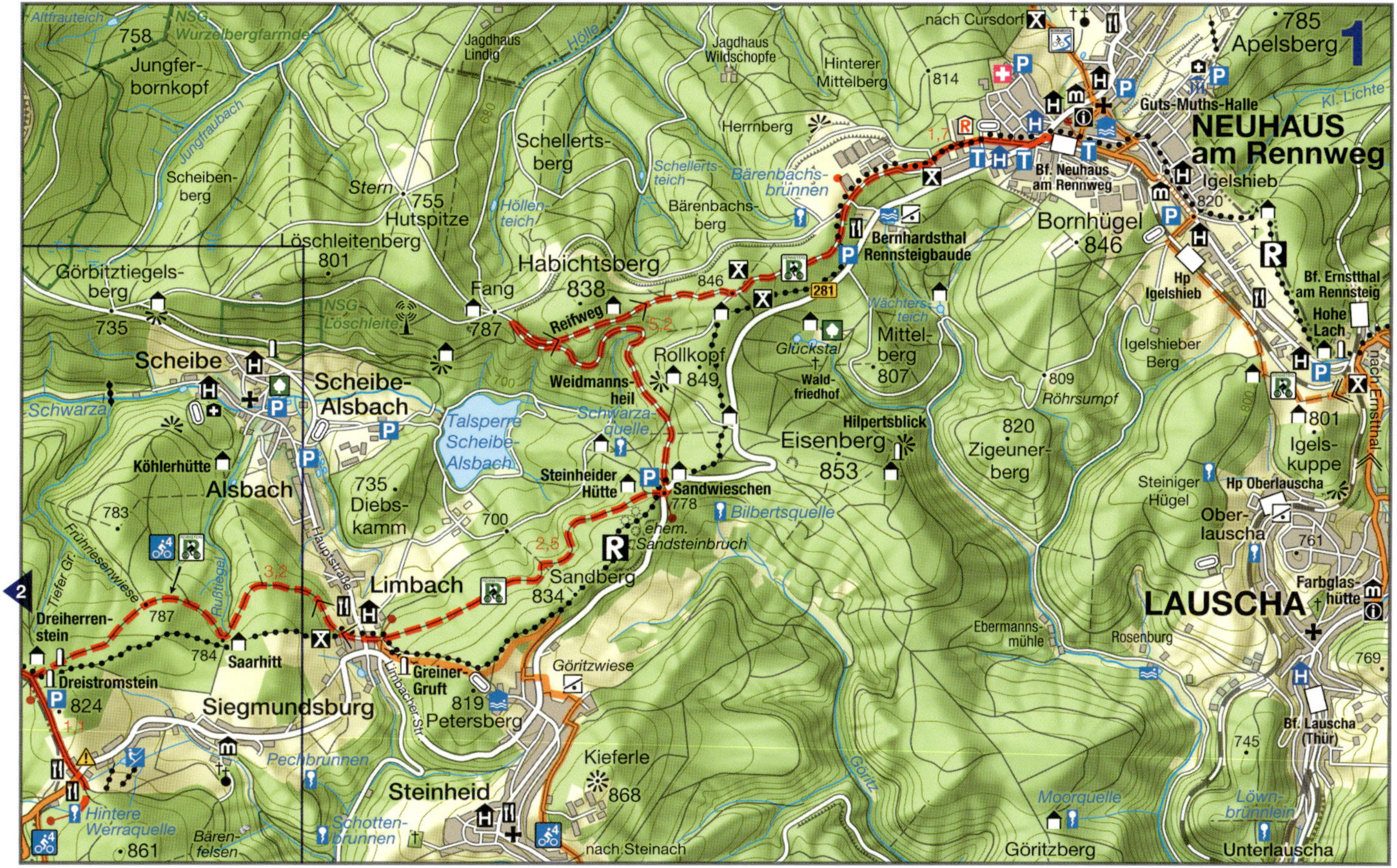

1
2
NEUHAUS am Rennweg
LAUSCHA
Altfrauteich
NSG Wurzelbergfarmde
758
Jungfer-bornkopf
Jagdhaus Lindig
Hölle
Jagdhaus Wildschopfe
Hinterer Mittelberg
814
nach Cursdorf
785
Apelsberg
Guts-Muths-Halle
Kl. Lichte
Jungfraubach
Scheiben-berg
Schellerts-berg
Herrnberg
Stern
755
Hutspitze
Hölllen-teich
Schellerts-teich
Bärenbachs-brünnen
Bärenbachs-berg
Bf. Neuhaus am Rennweg
Igelshieb
820
Bornhügel
846
Löschleitenberg
801
Görbitztiegels-berg
735
Habichtsberg
838
Fang
787
846
Bernhardsthal Rennsteigbaude
281
Hp Igelshieb
Bf. Ernstthal am Rennsteig
Hohe Lach
NSG Löschleite
Reifweg
5,2
1,7
Wächters-teich
Glückstal
Wald-friedhof
Mittel-berg
807
Igelshieber Berg
nach Ernstthal
Scheibe
Scheibe-Alsbach
Schwarza
Weidmanns-heil
Rollkopf
849
809
Röhrsumpf
Talsperre Scheibe-Alsbach
Schwarza-quelle
700
Hilpertsblick
Eisenberg
853
820
Zigeuner-berg
801
Igels-kuppe
Köhlerhütte
Alsbach
Steinheider Hütte
Sandwieschen
778
Bilbertsquelle
Steiniger Hügel
Hp Oberlauscha
Ober-lauscha
761
783
735
Diebs-kamm
700
ehem. Sandsteinbruch
2,5
Frühriesenwiese
Tiefer Gr.
Rußtiegel
3,2
Hauptstraße
Limbach
Sandberg
834
Farbglas-hütte
Dreiherren-stein
787
784
Saarhitt
Ebermanns-mühle
Rosenburg
769
Dreistromstein
824
Siegmundsburg
Greiner-Gruft
Limbacher Str.
819
Petersberg
Göritzwiese
1,1
Pechbrunnen
Kieferle
868
Göritz
745
Bf. Lauscha (Thür)
Steinheid
Moorquelle
Löwn-brünnlein
Hintere Werraquelle
861
Bären-felsen
Schotten-brunnen
nach Steinach
Göritzberg
Unterlauscha

Angebot:
Regionalverbund
Thüringer Wald
→ Seite 106

Die zweite Quelle wurde 1910 gefasst. Sie liegt knapp 7 km südöstlich der ersten Quelle in der Nähe von Siegmundsburg auf 800 m Höhe am Nordwesthang der Dürren Fichte, einem Nordostausläufer des bekannten Bleßbergs. Der hier entspringende Quellbach *Saar* verfügt sogar über ein knapp größeres Einzugsgebiet als die „eigentliche" Werraquelle am Eselsberg. Zudem ist die Saar der äußerste Zufluss der Werra überhaupt, da er sich in nächster Nähe sowohl zur Rhein-Weser- als auch zur Elbe-Weser-Wasserscheide befindet. (siehe hierzu Erläuterung zum Dreistromstein).

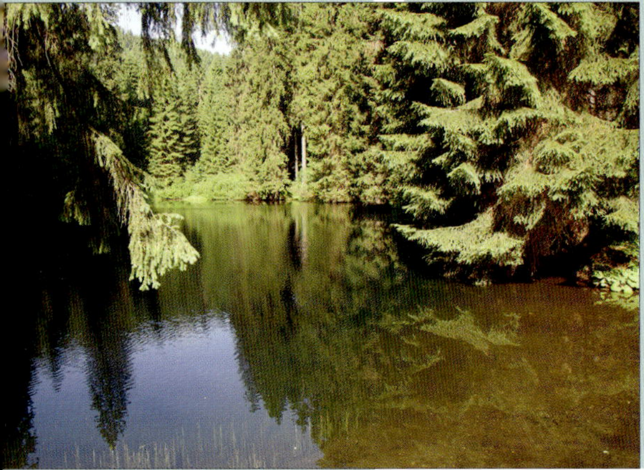

Der Werrateich

Der **Werrateich** wurde zur Holzflößerei künstlich angelegt. Im Winter geschlagenes Holz transportierte man mit Schlitten zum Flößteich, wobei an Steilhängen Rutschen die Arbeit erleichterten. Im Frühjahr, zur Schneeschmelze, wenn die Bäche den höchsten Wasserstand erreichten, wurde das Holz in den Flößteich geworfen und talwärts geflößt. Der Werrateich diente auch zur Regulierung des Wasserstandes und damit zum Antrieb der Wasserräder der beiden Märbelmühlen in Sophienau, einem heutigen Ortsteil von Sachsenbrunn. Der bei Sachsenbrunn vorkommende Muschelkalk wurde zu kleinen Würfeln zugeschlagen und in den Märbelmühlen zu Steinmurmeln, den so genannten Märbeln, gerundet und später eingefärbt. Die türkisartige Färbung des Werrateiches wird auf Kupfervitriol, das oberhalb des Teiches abgebaut wurde, zurückgeführt.

Wieder zurück an der „Eisfelder Ausspanne", fahren wir auf dem ausgeschilderten Werratal-Radweg Richtung Sachsenbrunn. Entlang dieser Strecke kommen wir am **Werrateich** vorbei.

Sachsenbrunn durchquert man auf der Hauptstraße, die man im rechten Winkel in die Forsthausstraße verlässt, um sofort nach links in die Schulstraße einzubiegen. Dann wieder links

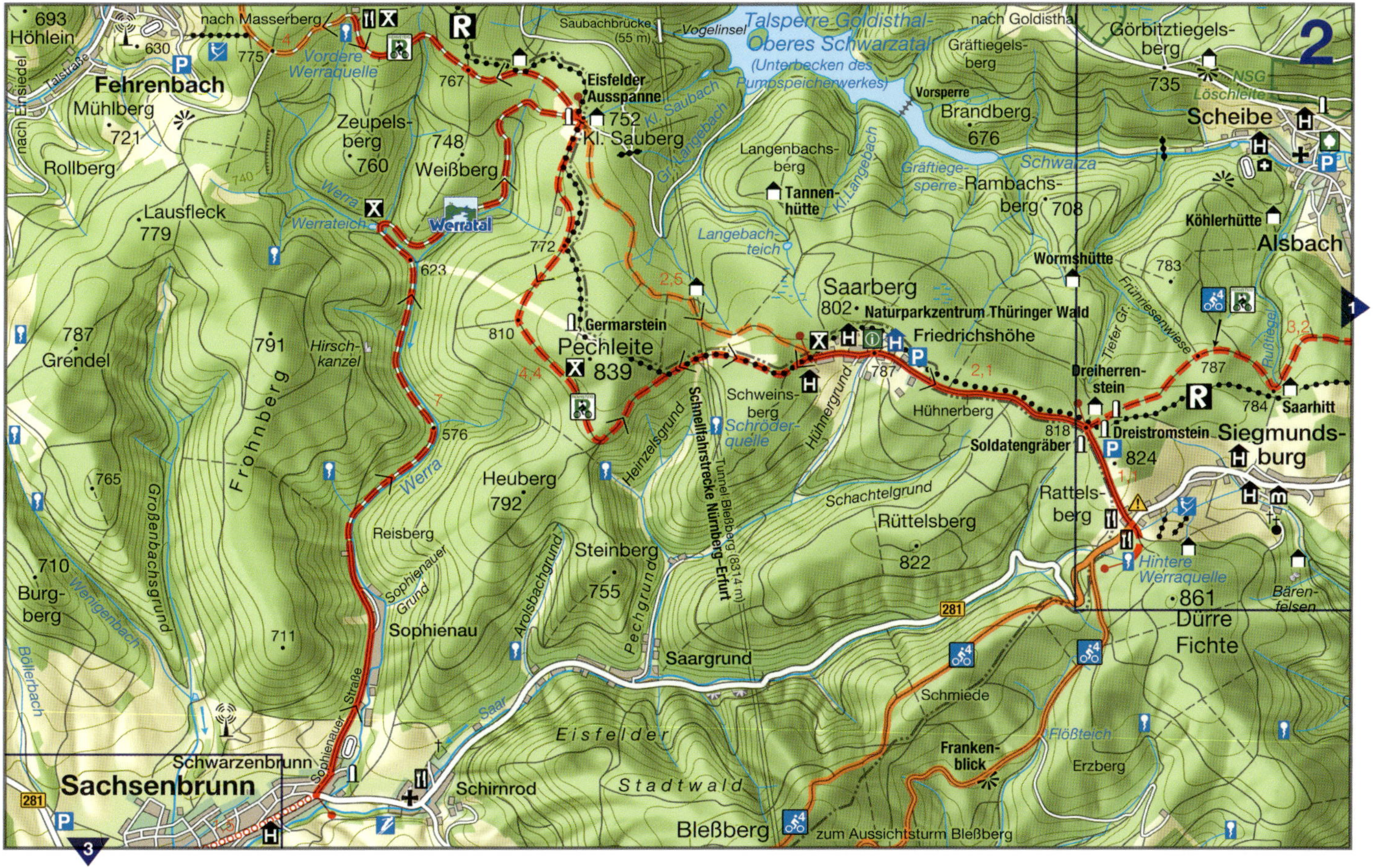
2
693 Höhlein
nach Masserberg
630
775
Vordere Werraquelle
Saubachbrücke (55 m)
Vogelinsel
Talsperre Goldisthal-Oberes Schwarzatal (Unterbecken des Pumpspeicherwerkes)
nach Goldisthal
Görbitztiegelsberg
735
NSG Löschleite
Fehrenbach
Mühlberg
721
Rollberg
nach Einsiedel
Talstraße
Zeupelsberg
760
748
Weißberg
767
Eisfelder Ausspanne
752
Kl. Sauberg
Kl. Saubach
Gr. Langebach
Gräftiegelsberg
Vorsperre
Brandberg
676
Scheibe
Langenbachsberg
Tannenhütte
Kl. Langebach
Gräftiegesperre
Schwarza
Rambachsberg
708
Köhlerhütte
Alsbach
Lausfleck
779
740
Werra
Werrateich
Werratal
623
772
Langebachteich
2,5
Wormshütte
783
Frühriesenwiese
787
Grendel
791
Hirschkanzel
810
Germarstein
Pechleite
839
Saarberg
802
Naturparkzentrum Thüringer Wald
Friedrichshöhe
787
2,1
Tiefer Gr.
Rußtiegel
3,2
Dreiherrenstein
787
784
Saarhitt
Frohnberg
7
4,4
Schweinsberg
Hühnergrund
Hühnerberg
818
Dreistromstein
Siegmundsburg
Soldatengräber
824
576
Heinzelsgrund
Schnellfahrstrecke Nürnberg–Erfurt
Tunnel Bleßberg (8314 m)
Schröderquelle
1,1
765
Heuberg
792
Schachtelgrund
Rattelsberg
Rüttelsberg
822
Hintere Werraquelle
861
Dürre Fichte
Bärenfelsen
710
Burgberg
Weinigenbach
Großenbachsgrund
Reisberg
Sophienauer Grund
Arolsbachgrund
Steinberg
755
Pechgrund
281
711
Sophienau
Saargrund
Böllerbach
Schmiede
Sophienauer Straße
Saar
Eisfelder Stadtwald
Flößteich
Frankenblick
Erzberg
Schwarzenbrunn
Sachsenbrunn
281
Schirnrod
Bleßberg
zum Aussichtsturm Bleßberg
1
3

auf die Hirschendorfer Straße, dann im rechten Winkel rechts.

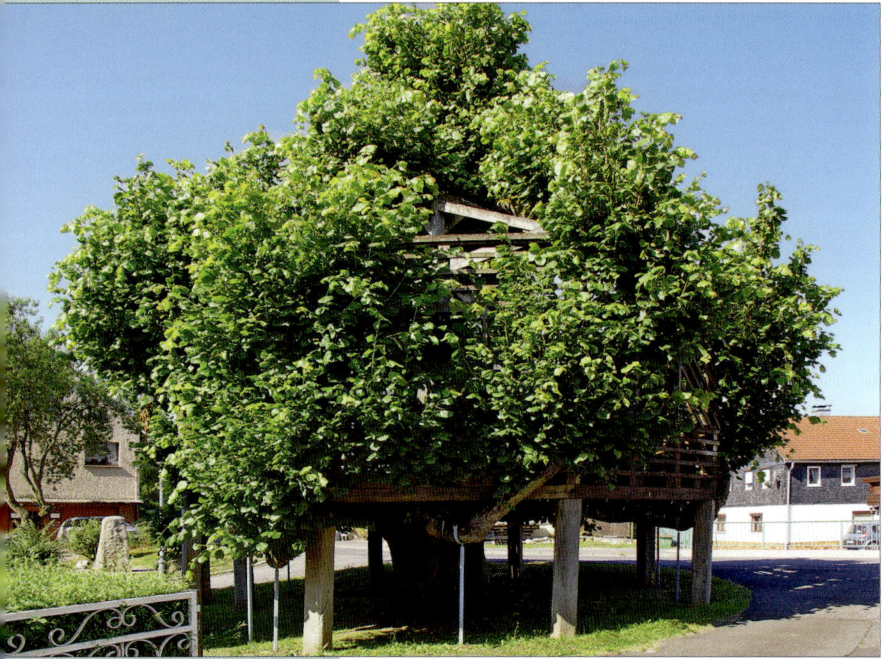

Die Tanzlinde in Sachsenbrunn

Die **Tanzlinde** in Sachsenbrunn ist ein 350 bis 360 Jahre alter Baum, der direkt an der Werrabrücke steht und durch seine Wuchsform und den eingebauten Tanzboden auffällt. Sie ist die älteste von fünf Tanzlinden in Deutschland und zweimal im Jahr – zum Lindenfest und zur Kirmes – wird auf ihrem Tanzboden getanzt.

Den Schildern nach rechts und gleich wieder links auf einen ruhigen Feldweg folgen. An der unbeschilderten Kreuzung geradeaus, geht es **Eisfeld** entgegen. Vom Mühlenweg überqueren wir die Sachsendorfer Straße, folgen den Schildern in die Schwarzburger Straße und schon befinden wir uns auf dem Eisfelder Marktplatz.

Die am Oberlauf der Werra gelegene Stadt **Eisfeld** entstand als fränkische Siedlung und wurde um das Jahr 800 erstmalig als „Asifeld“ erwähnt. Das Stadtrecht erhielt sie 1323. In der Stadt kann der Besucher so manch Interessantes entdecken. Die Eisfelder **Dreifaltigkeitskirche** wurde in der Zeit von 1488 bis 1535 erbaut. Sie ist von ihrer Grundstruktur eine dreischiffige spätgotische Hallenkirche und besitzt eine bemerkenswerte barocke Ausmalung sowie ein sehr lebendig barock-geschnitztes Kruzifix. Ergänzt wird das Ensemble um die Kirche durch mehrere reich verzierte Fachwerkbauten. Das **Pfarrhaus** mit seinem Sandsteinsockel und dem reich verzierten Obergeschoss stammt aus dem 16. bis 17. Jahrhundert. Das alte **Schulhaus**, 1575 erbaut und das zweitälteste Schulgebäude Thüringens, ist ein zweigeschossiger Fachwerkbau mit einem massiven Erdgeschoss. Es besitzt ein reiches Nordportal und an seiner Südseite eine steinerne Figur – das **Schulmännle**. Das **Eisfelder Schloss**, das einst als Burg auf einem Felsvorsprung oberhalb des Werratals errichtet wurde, prägt die Silhouette der Stadt. Der Burgfried mit seiner charakteristischen „welschen Haube" dient heute als Aussichtsturm und bietet einen weiten Blick über die Stadt und die Umgebung. Im Schloss befindet sich das **Otto-Ludwig-Museum**, benannt nach dem Dichtersohn der Stadt. Es beherbergt Ausstellungen zur Porzellanherstellung in Südthüringen, historische Werkstätten und zur Stadtgeschichte. Unweit vom Schloss, in einer Parkanlage, steht das spätklassizistische elterliche **Gartenhaus** Otto **Ludwigs**. Die darin untergebrachte Gedenkstätte erinnert an das Leben und Werk des 1813 hier geborenen Dichters.

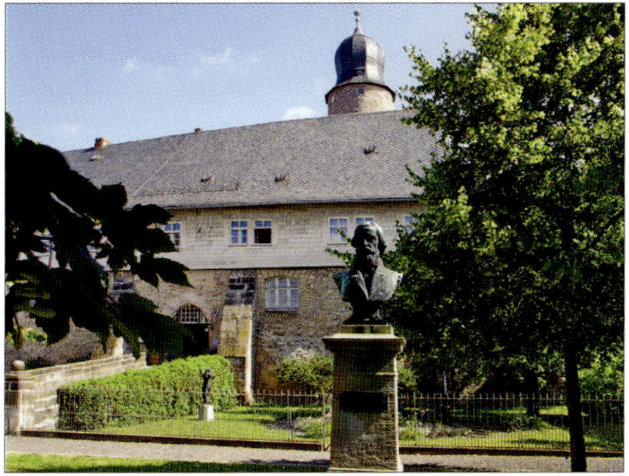

Schloss Eisfeld mit Otto-Ludwig-Museum

98673 Eisfeld

ⓘ **Touristinformation Eisfeld**
Tel.: 03686 / 300308

Museum „Otto Ludwig" im Schloss
Tel.: 03686 / 300308

Dichtergedenkstätte Otto Ludwig
Otto-Ludwig-Garten,
Unterm Heinig

98673 Eisfeld
ⓘ **Touristinformation**
Tel.: 03686 / 300308

Schloss Eisfeld
Tel.: 03683 / 300308

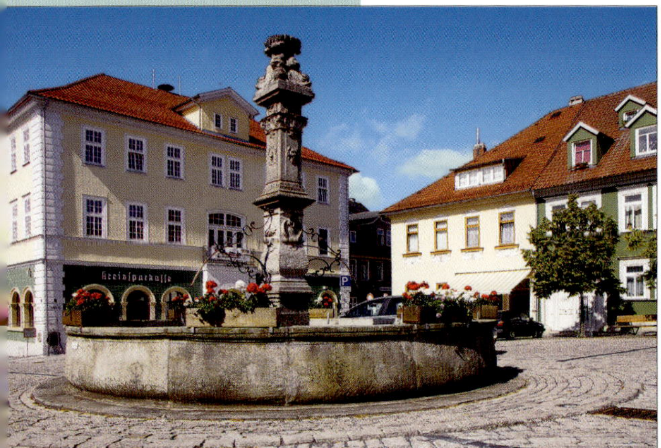

Eisfeld – Der Marktbrunnen

2. Etappe

Wir umrunden **Eisfelds** Marktbrunnen, fahren am Rathaus vorbei in die Marktstraße, vorbei an der Kirche, dann vor dem EDEKA rechts (Coburger Tor) entgegen den Einbahnstraßen bis zur Hauptstraße. Dann gegenüber durch die Bahnunterführung 200 m links befindet sich der **Bahnhof**. Der Radweg zweigt gleich dahinter links und 100 m weiter nach rechts ab. Nach etwa 1 km auf der Kreisstraße, schön stetig bergauf, unterquert man die Autobahn, dann rechts und rollt durch eine Baumallee auf **Bockstadt** zu. Im Ort an der ersten Kreuzung nach links, an einem Sportplatz und einem kleinen Teich vorbei. An der Vorfahrtsstraße nach rechts. Jetzt sieht man schon die Kirche im 2 km entfernten **Harras**. Von der Bockstädter Straße links in die Grattstädter Straße einbiegen, dann rechts in die Falkenstraße. Vor dem Ortsende rechten Winkel nach links abzweigen. Kurz aber heftig ansteigend führt der Weg durch ein Neubauviertel bis zum Waldrand. Auf dem gut angelegten Radweg, der einen weiten Blick über die Werraaue gewährt, gelangen wir nach **Veilsdorf**.

Tipp:
In Schackendorf findet der hungrige Radfahrer die Kantine und das Milch-Café der Milch-Land GmbH.

Es geht links an der Kirche vorbei hinab in den Ort. Am Rathaus links in die Dorfstraße, dann links in die Straße Zur Werra und dann nach rechts auf die Straße Unterer Leitenweg einbiegen und wir sind auf dem Radweg nach Birkenfeld. Auf der anderen Seite der Werra erblickt man einen lang gestreckten Ziegelbau: die Privatbrauerei Heßberg. In **Birkenfeld** biegen wir an der Turmuhr nach rechts und nach den Bahngleisen nach links in die **Dammstraße** ab. Zwischen landwirtschaftlichen Anlagen und einem Gewerbegebiet erreichen wir **Hildburghausen**. Wir biegen nach rechts in die **Coburger Straße** ein, überqueren die Werra und biegen nach links in die **Obere Marktstraße** ein.

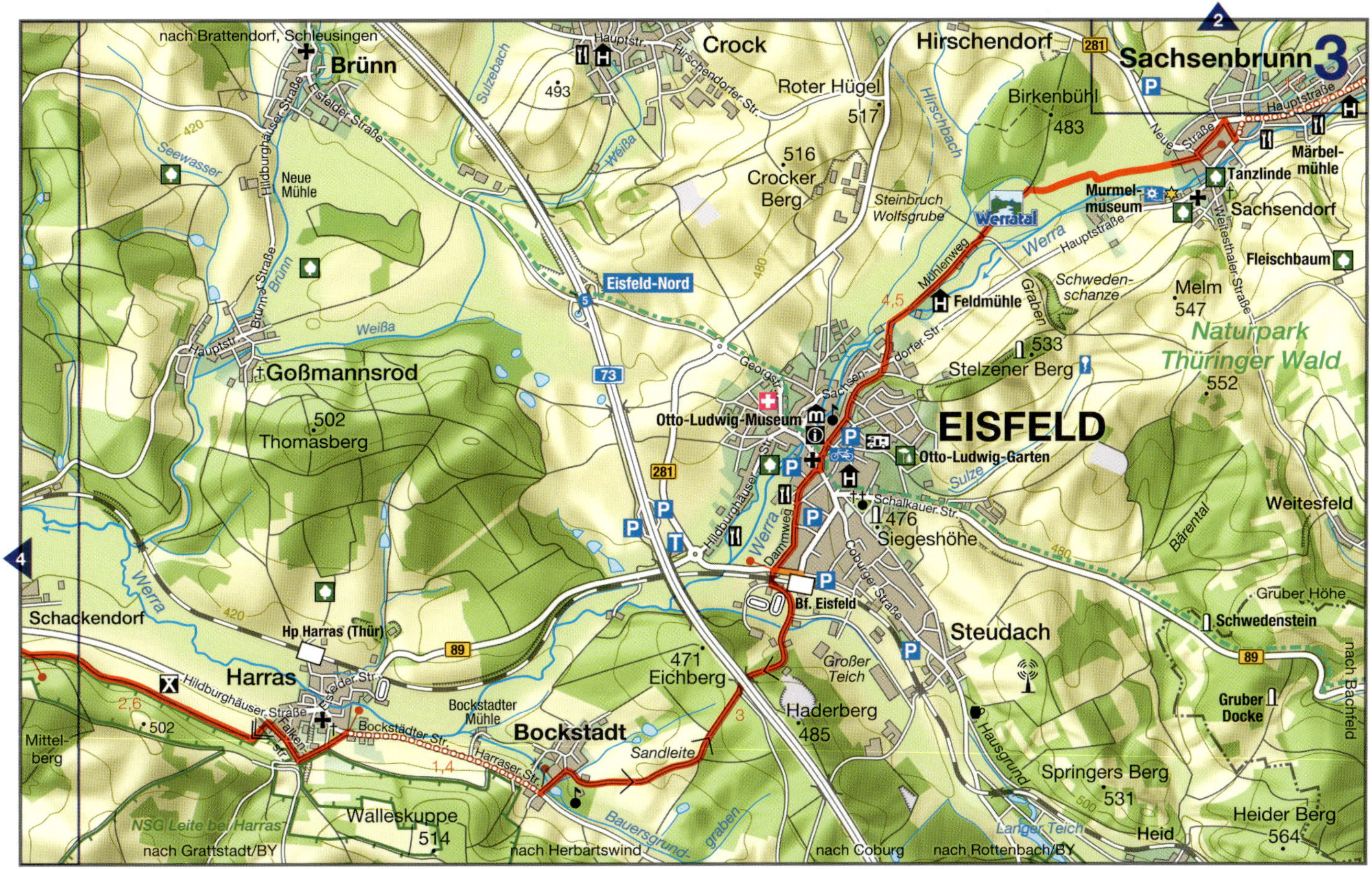

3
2
4
nach Brattendorf, Schleusingen
Brünn
Crock
Hirschendorf
Sachsenbrunn
Roter Hügel
517
Birkenbühl
483
493
516
Crocker Berg
Steinbruch Wolfsgrube
Neue Mühle
Seewasser
Weißa
Sulzebach
Hirschbach
Werratal
Murmelmuseum
Tanzlinde
Märbelmühle
Sachsendorf
Fleischbaum
Eisfeld-Nord
Feldmühle
Schwedenschanze
Melm
547
Naturpark Thüringer Wald
533
Stelzener Berg
552
Goßmannsrod
502
Thomasberg
EISFELD
Otto-Ludwig-Museum
Otto-Ludwig-Garten
Sulze
Werra
476
Siegeshöhe
Weitesfeld
Bärental
Bf. Eisfeld
Steudach
Gruber Höhe
Schwedenstein
Schackendorf
Hp Harras (Thür)
Harras
471
Eichberg
Großer Teich
Haderberg
485
Gruber Docke
nach Bachfeld
Mittelberg
502
Bockstädter Mühle
Bockstadt
Sandleite
Hausgrund
Springers Berg
531
Heider Berg
564
NSG Leite bei Harras
Walleskuppe
514
Bauersgrundgraben
Langer Teich
Heid
nach Grattstadt/BY
nach Herbartswind
nach Coburg
nach Rottenbach/BY

98646 Hildburghausen
Stadtmuseum
Tel.: 03685 / 403689

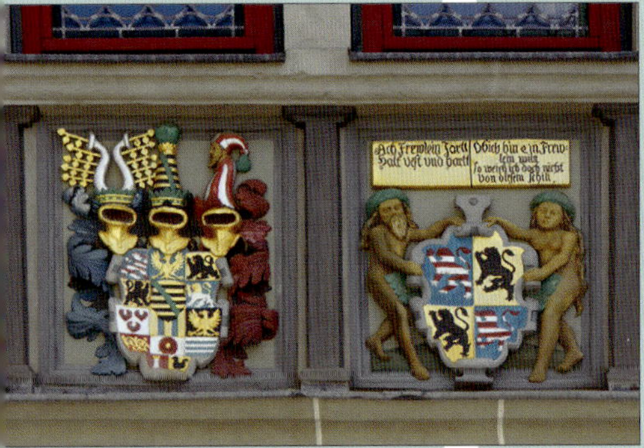

Gut beschützt in Hildburghausen – Wappentafel am Rathaus

Einst umgab **Hildburghausen** eine massive Ummauerung mit drei Toren, 26 Türmen und einem teilweise doppelten Wallgraben. Auf dem Weg vom Park in die Altstadt begegnet man noch Überresten dieser, aus dem 14. Jahrhundert stammenden, Anlage. Im 17. Jahrhundert wurde Hildburghausen zur Residenz auserkoren und erlebte einen kulturellen Aufschwung. Die Herzöge ließen bauen: das 1945 zerstörte Residenzschloss, den Park mit der Orangerie, das Theater, die Schlösser Charlottenburg, Karolinenburg und Montbijou und das Regierungsgebäude (jetzt Landratsamt). Auch nach dem Abzug des Hofes blieb die Stadt ein regionales Kultur- und Wirtschaftszentrum. 1828 gründete der Verleger Joseph Meyer (Meyers Lexikon) das Bibliographische Institut, Bildung wurde proklamiert und Hildburghausen wurde zur „Stadt der Schulen“. Besonders das 1848 gegründete Technikum war hier von Bedeutung.

Das ansässige **Theater**, 1755 als Hoftheater gegründet, gilt als das älteste freistehende, durchgehend bespielte Theater Deutschlands. Im Baudenkmal „Alte Post“, welches das **Stadtmuseum** beherbergt, kann man sich über die Entwicklung der Stadt vom Mittelalter bis in die jüngste Vergangenheit informieren. Hier befindet sich auch die 52-bändige Erstausgabe von „Mayers Konversationslexikon“. Marktplatz beherrschend ist das **Rathaus**. Es vereint Teile eines gotischen Vorgängerbaus (Burgturm) mit einem Bau aus der Spätrenaissance. Neben dem Rathaus steht eine Bronzefigur. Es handelt sich dabei aber nicht um ein Denkmal für eine historische Persönlichkeit, sondern um einen Ursaurier. Chirotherium barthii hinterließ vor 240 Mio. Jahren seine Fährtenabdrücke, die man 1834 in einem Hildburghäuser Steinbruch fand. Stattliche Bürgerhäuser mit Stuckverzierungen umschließen den Markt. Das **Trützschler's Milch- und Reklamemuseum** ist eine der Öffentlichkeit zugänglich gemachte Privatsammlung, die alte Geräte für die Milchver-

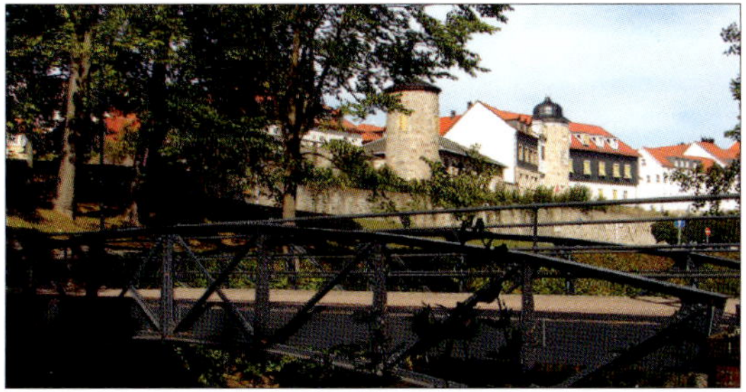

Hildburghausen umgab einst eine mächtige Mauer mit doppeltem Wallgraben.

arbeitung und Reklameschilder aus Emaille zeigt. Das Werra-Sport- und Freizeitbad ist bestens ausgestattet und lädt die „Wasserratten" ein. Weitere sehenswerte Gebäude sind die Christuskirche (1785), die katholische Kirche St. Leopold (1721), die Apostelkirche und der Bismarckturm (1882). Inzwischen wurde das Geheimnis um das Dunkelgrafenpaar ein wenig gelüftet. Dunkelgraf und **Dunkelgräfin** ist die volkstümliche Bezeichnung für ein geheimnisvolles Paar, das von 1807 bis 1837 auf Schloss Eishausen bei Hildburghausen lebte. Die beiden Bewohner verließen das Schloss kaum und wenn, dann tiefverschleiert. Wegen ihres zurückgezogenen Lebens und ihrer ungeklärten Herkunft und Identität wurden sie im Volksmund „die Dunkelgrafen" genannt. Inzwischen weiß man, nach einer aufwändigen mdr-Reportage, dass es sich bei der Frau nicht um Marie Thérèse Charlotte, die Tochter des guillotinierten französischen Königs Ludwig XVI. und seiner Frau Marie Antoinette handelte. Es gibt also ein neues Geheimnis, denn man hat die Identität der Frau nicht herausfinden können. Eines der größten Volksfeste der Region ist das Anfang Oktober stattfindende **Theresienfest**. Ursprung des Festes ist die Hochzeit von Prinzessin Therese von Sachsen-Hildburghausen mit dem späteren König Ludwig I. von Bayern im Jahre 1810, aus deren Anlass in München das Oktoberfest auf der Theresienwiese hervorging.

98646 Hildburghausen

ⓘ **Touristinformation**
Tel.: 03685 / 4058-3

Trützschler's Reklamemuseum
Tel.: 03685 / 705409

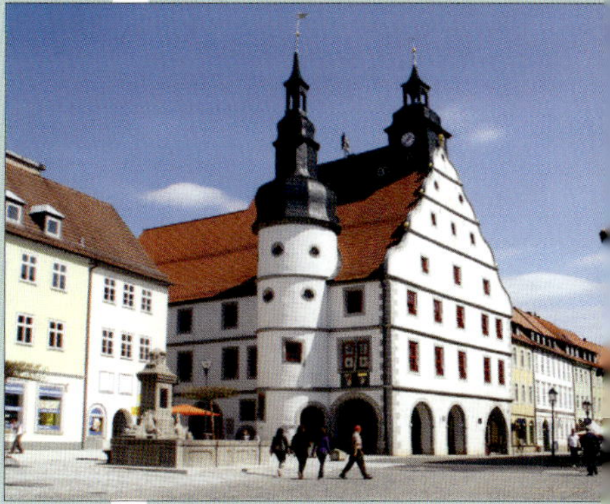

Der Marktplatz von Hildburghausen mit Rathaus

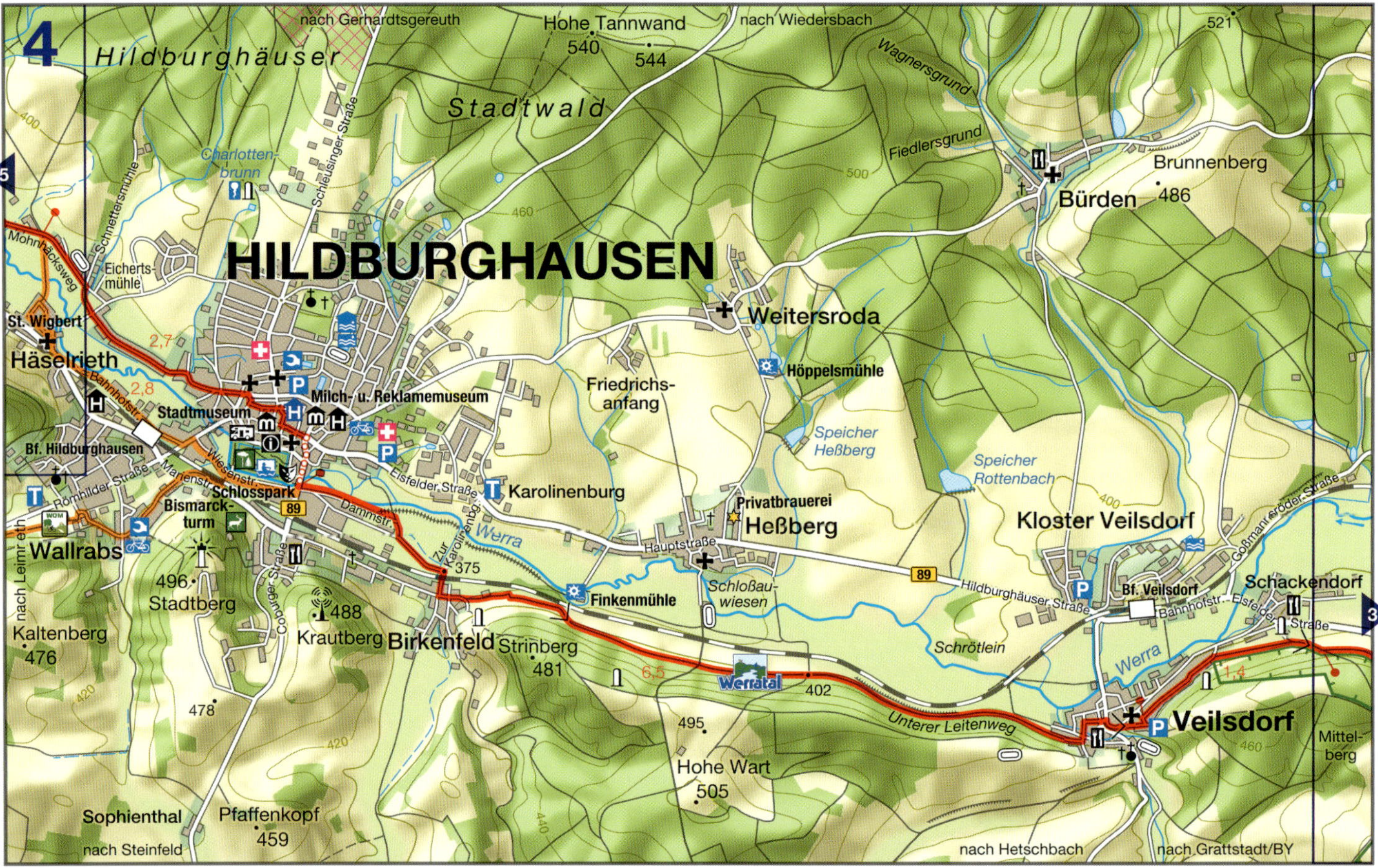
4
Hildburghäuser
Stadtwald
nach Gerhardtsgereuth
Hohe Tannwand
540
544
nach Wiedersbach
Wagnersgrund
521
Fiedlersgrund
Brunnenberg
486
Bürden
Charlotten-
brunn
Schleusinger Straße
Schnettersmühle
Mohnhäcksweg
Eicherts-
mühle
HILDBURGHAUSEN
Weitersroda
St. Wigbert
Häselrieth
Bahnhofstr.
2,7
2,8
Milch- u. Reklamemuseum
Stadtmuseum
Höppelsmühle
Friedrichs-
anfang
Speicher
Heßberg
Speicher
Rottenbach
Bf. Hildburghausen
Römhilder Straße
Marienstr.
Wiesenstr.
Schlosspark
Eisfelder Straße
Karolinenburg
Privatbrauerei
Heßberg
Kloster Veilsdorf
Goßmannsröder Straße
Bismarck-
turm
89
Dammstr.
Karolinenbg.
Zur
Werra
Hauptstraße
Wallrabs
nach Leimrieth
496
Stadtberg
Coburger Straße
375
Finkenmühle
Schloßau-
wiesen
89
Hildburghäuser Straße
Bf. Veilsdorf
Bahnhofstr.
Schackendorf
Eisfelder Straße
488
Krautberg
Birkenfeld
Strinberg
481
Kaltenberg
476
6,5
Werratal
402
Schrötlein
Werra
1,4
478
495
Unterer Leitenweg
Veilsdorf
Mittel-
berg
Hohe Wart
505
Sophienthal
Pfaffenkopf
459
nach Steinfeld
nach Hetschbach
nach Grattstadt/BY
5
3

Wir schauen uns das Zentrum der ehemaligen Residenz- und jetzigen Kreisstadt an und Stadtmuseum (Häfenmarkt) vorbei, radeln wir bis zur Geschwister-Scholl-Straße, die uns aus Hildburghausen herausführt.

Tipp:
Wer die Innenstadt umfahren möchte überquert an der Dammstraße die Coburger Straße in die Wiesenstraße. Am Ende der Wiesenstraße nach links auf die Friedrich-Rückert-Straße und vor dem Bahnübergang nach rechts in die Bahnhofsstraße. Wir verbleiben etwa 1 km parallel zu den Gleisen. Nach einem kurzen Stück auf der B 89 biegen wir nach rechts in den Ort **Häselrieth**. Im Zickzack geht es durch das Dorf: Links in die Kirchstraße, dann rechts in die August-Bebel-Straße und an einem Backhaus vorbei nach links in die Untere Dorfstraße. An der T-Kreuzung nach rechts, an der Feuerwehr vorbei und über die Werra. An der nächsten Kreuzung nach links.
Hier treffen die Routen wieder zusammen.

Ein gut ausgebauter Radweg führt uns durch die Felder nach **Ebenhards**. Wir durchfahren den Ort bis zur B 89, hier links und nach der Werrabrücke nach rechts auf die Kreisstraße nach **Reurieth**.

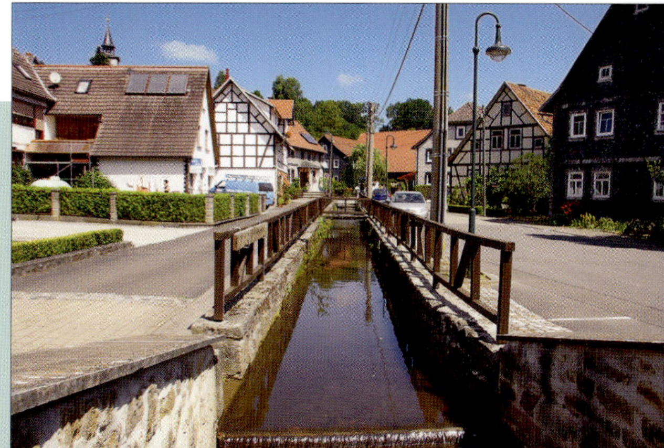

Ebenhards

Reurieth kann auf eine urkundliche Ersterwähnung aus dem Jahre 1171 verweisen, in der die Herren von „Rugerit“ als Besitzer einer Burg erwähnt werden. Später gehörte die Burg zum Eigentum der Grafen von Henneberg. Im Bauernkrieg wurde das Gebäude zerstört, danach jedoch wieder aufgebaut. Die Burg ist erst seit dem 19. Jahrhundert eine Ruine. Auf uns sind nur noch der Nordturm und Reste der Mauer gekommen.

Nach der Bahnüberquerung rollen wir hinab und folgen der Beschilderung geradeaus durch den Ort. Vor dem Bahnhof zweigt der Weg nach links Richtung **Trostadt** und Forellenzucht-Klostermühle ab. Gleich zu Beginn des Dorfes befindet sich

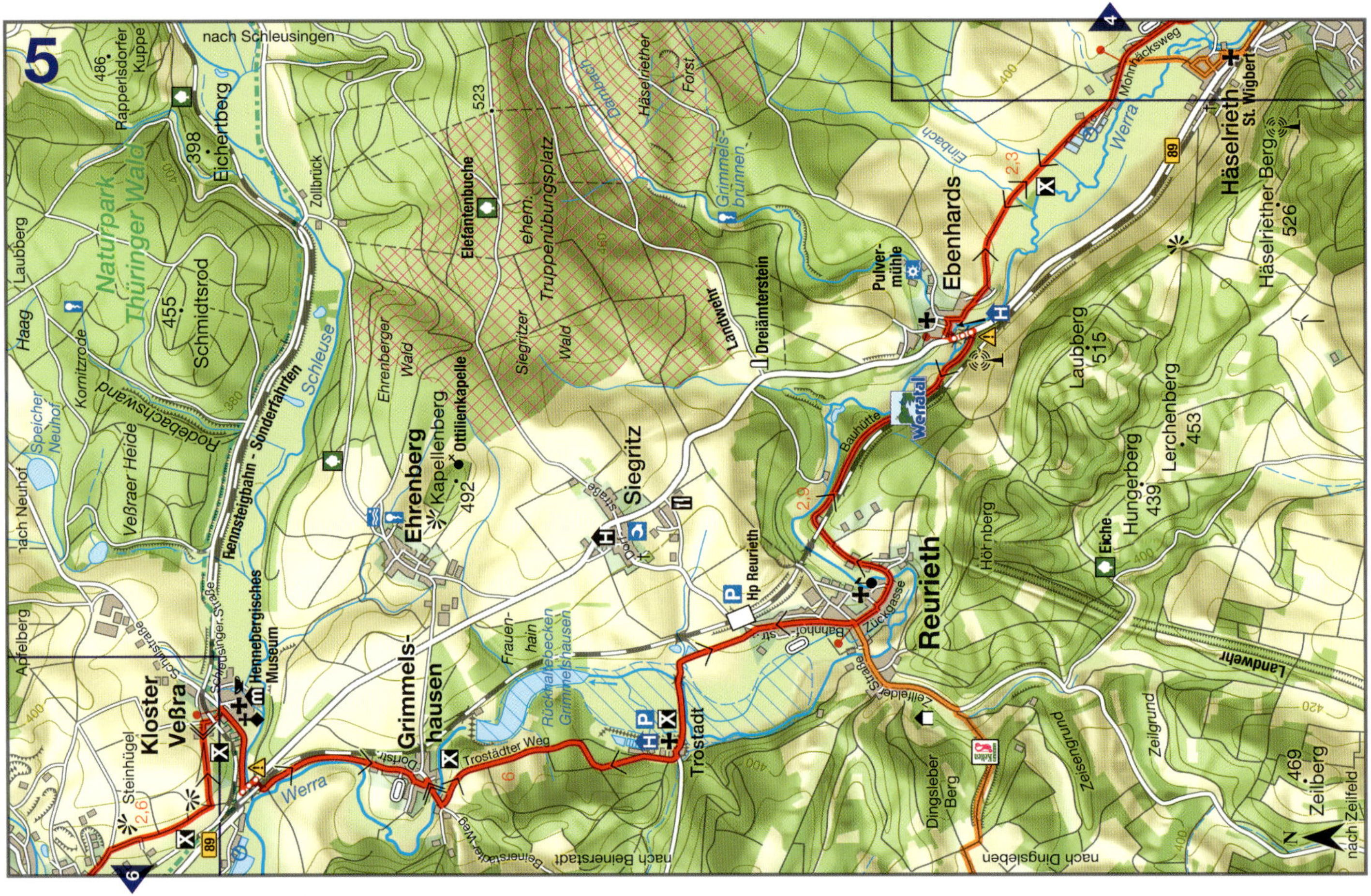
5
nach Schleusingen
486 Rappersdorfer Kuppe
398 Eichertberg
Naturpark Thüringer Wald
Laubberg
Haag
455 Schmidtsrod
Kornitzrode
Speicher Neuhof
Rodebachswand
Veßraer Heide
nach Neuhof
Zollbrück
Rennsteigbahn - Sonderfahrten
Schleuse
Schleusinger Straße
Schulstraße
Hennebergisches Museum
Apfelberg
Kloster Veßra
Steinhügel
2,6
Werra
89
6
523
Elefantenbuche
ehem. Truppenübungsplatz
Ehrenberger Wald
Siegritzer Wald
Ottilienkapelle
Kapellenberg 492
Ehrenberg
Siegritz
Dorfstraße
Grimmelshausen
Frauenhain
Rückhaltebecken Grimmelshausen
Trostädter Weg
Dorfstr.
Trostadt
Beinerstädter Weg
nach Beinerstadt
Dambach
Häselriether Forst
Grimmelsbrunnen
Landwehr
Dreiämterstein
Hp Reurieth
Bahnhofstr.
Zückgasse
Reurieth
Zeilfelder Straße
Dingsleber Berg
nach Dingsleben
Zeisengrund
Zeilgrund
469 Zeilberg
nach Zeilfeld
Pulvermühle
Ebenhards
Einbach
2,3
2,9
Bauhütte
Werratal
Mohnäckersweg
Häselrieth
St. Wigbert
Häselriether Berg 526
Laubberg 515
Lerchenberg 453
Hungerberg 439
Hörnberg
Eiche
400
4

die Klostermühle, ein sehr stilvoll und gemütlich hergerichtetes Gasthaus. Am oberen Ende des Dorfes geht es nach rechts an der Klostermauer entlang Richtung Grimmelshausen. In der Imbiss-Gaststätte der anschließenden Forellenzucht kann man frische und geräucherte Forelle genießen. Über den Trostädter Weg geht es mit Gefälle nach **Grimmelshausen**.

Grimmelshausen wurde 1177 erstmals urkundlich erwähnt. In der schön gestalteten Heimatstube befinden sich viele Ausstellungsstücke des gleichnamigen Dichters Johann Christoffel von Grimmelshausen („Simplizissimus“, 1669). Seit 1990 wird die Werra durch ein Rückhaltebecken angestaut, welches dem Hochwasserschutz dient.

An der ersten Kreuzung nach rechts, über die Werra und geradeaus den Berg hinauf. Nach links in einem Bogen um das ehemalige Gemeindehaus herum und oben angelangt wieder nach links. Wir verlassen den hübschen kleinen Ort und radeln hinab gen Themar. Hier mündet die Schleuse in die Werra. Im Wiesengrund ihres Mündungsgebietes liegt **Kloster Veßra**.

Nach der Bahnunterführung links, über die B 89 und die Schleusenbrücke nach rechts in den Ort bis zum Torbogen des Hennebergischen Museums.

Die Türme der Basilika des **Klosters Veßra** kann man schon von weitem sehen. Auch nach gut 800 Jahren erreichen sie das, wofür sie gebaut wurden: sie beeindrucken den Betrachter, der sich dem Kloster nähert. Graf Gotebold von Henneberg und seine Frau Luitgart stifteten 1131 das Kloster. 1138 wurde die Klosterkirche geweiht, die seit 1939 nur noch als Ruine existiert. Mit der Reformation und der einhergehenden Säkularisierung wurde das Kloster aufgelöst und die Grabkapelle als evangelische Dorfkirche genutzt. Das weitläufige Klostergelände ist von einer 780 Meter langen und bis vier Meter hohen Mauer fast vollständig umschlossen. Man sollte es sich nicht nehmen lassen, die romanischen und gotischen Gebäude zu besichtigen. Das Gelände wird als Museum genutzt. Seit 1981 richtete man ein zweites Freilichtensemble, das sogenannte „Dorfmuseum“ mit umgesetzten Fachwerkhäusern aus dem Henneberger Land

98660 Kloster Veßra
Hennebergisches Museum
Tel.: 036873 / 69030

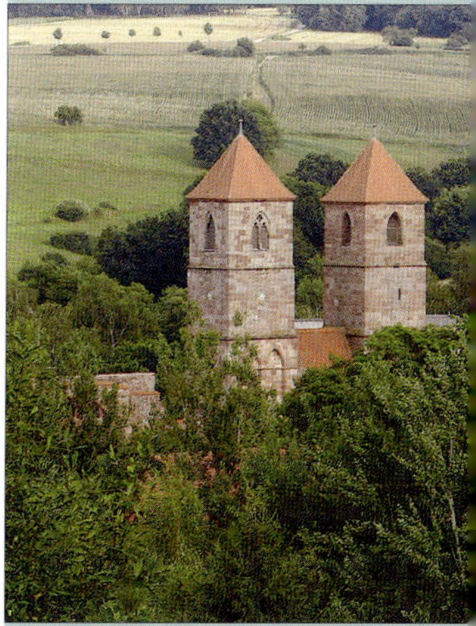

Beeindruckend und romantisch – das Kloster Veßra

98660 Themar
ⓘ **Touristinformation**
Tel.: 036873 / 69732

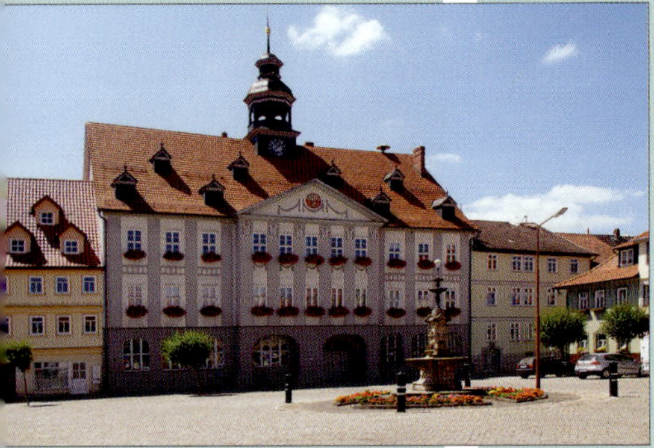

Marktplatz von Themar

(Bauernhäuser aus verschiedenen Jahrhunderten, Schmiede, Wassermühle, Backhaus, Bienenhäuschen, Friedhofskapelle, Brauhaus u. a. m.) ein. Die nach historischen Vorbildern angelegten Gärten, wie der Klostergarten und der Bauerngarten um 1800, runden das Bild ab. Für regionalgeschichtlich Interessierte bietet die Ausstellung „Henneberg – durch Land und Zeit" Informationen zur Geschichte Südthüringens. In der „Kleinen Galerie" des Museums finden jährlich wechselnde Sonderausstellungen zu regional- und kulturgeschichtlichen Themen statt. Die Landtechniksammlung wurde ab 1975 zusammengetragen und stellt eine repräsentative Auswahl von Maschinen und Geräten dar, die besonders nach 1945 bzw. 1952 in den hiesigen Landwirtschaftsbetrieben eingesetzt wurden. Das **Hennebergische Museum Kloster Veßra** bietet ein breites kulturelles Angebot. Besonders die Konzerte an lauen Sommerabenden verbreiten eine romantische Atmosphäre. Für Schulklassen gibt es ein spezielles museumspädagogisches Programm.

Gegenüber dem Museum führt die Schulstraße bergauf Richtung **Themar**. Oben angelangt nach links auf einen Panoramaweg mit mehreren Rastplätzen. Unser Blick schweift ins Werratal und entdeckt den „Eingefallenen Berg", ein Bergsturzgebiet. Mit Schwung geht es hinab in den Ort bis zur Lengfelder Straße. Wir biegen nach links ab und überqueren die Bahnschienen. Hinter dem Stellwerk zweigt der Weg nach rechts in die Friedensstraße. Wir stoßen auf die B 89 und folgen ihr nach links bis zur Stadtmauer. Hier biegen wir nach rechts in die Schlossgasse ein. Die Schilder weisen uns zum Markt und am reich verzierten Amtshaus vorbei über die Werrabrücke.

Die zum Teil noch gut erhaltene Stadtmauer mit ihren sieben (einschließlich Hexenturm!) Türmen verhalfen der Stadt zum Ruf der „Stadt der sieben Türme". **Themar** gilt

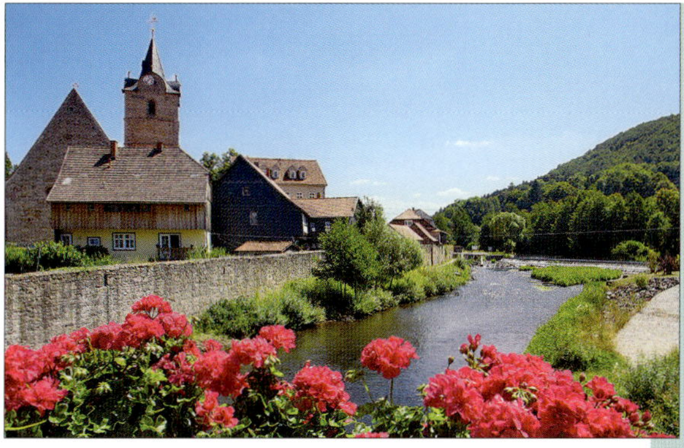

Blick auf Themar

als eine der ältesten Siedlungen im oberen Werratal. Die erste urkundliche Erwähnung geht auf das Jahr 796 zurück. Die günstige geographische Lage ermöglichte eine gewisse wirtschaftliche Entwicklung, die im Laufe der Zeit aus einem Ackerbürger- ein Industriestädtchen werden ließ, das seine Blüte Ende des 19. Jahrhunderts erreichte. Die Geschichte der Stadt wurde beeinflusst durch ihre Stellung zwischen dem Henneberger und dem Würzburger Herrschergeschlecht. Um 1457 begann man mit dem Bau der Stadtmauer. Rund zweihundert Jahre später bot sie allerdings keinen Schutz mehr gegen raubende und plündernde Truppen. Neunmal hatte die Stadt unter direkten Kriegseinwirkungen im Dreißigjährigen Krieg zu leiden. Am 16. Oktober 1634 wurde Themar fast vollständig zerstört. Die Erinnerung an dieses Ereignis wird heute mit dem „Gallustag" wachgehalten. Blickpunkt in Themars Innenstadt ist das sehr schöne, alte Amtshaus, ein hennebergisch-fränkischer Fachwerkbau von 1665. Die spätgotische Bartholomäuskirche, die den Dreißigjährigen Krieg nahezu unversehrt überstand, birgt einige Schätze in sich. Der Marienaltar stammt aus der Zeit um 1500, ebenso der Altar mit der Christopherusgestalt. Die farbige Innenausstattung aus der Zeit Ende 16./Anfang 17. Jahrhunderts wurde 1975 restauriert. Das Pfarrhaus wurde 1681 und das Rathaus im Jahre 1711 erbaut.

98660 Themar
ⓘ **Touristinformation Themar**
Tel.: 036873 / 69732

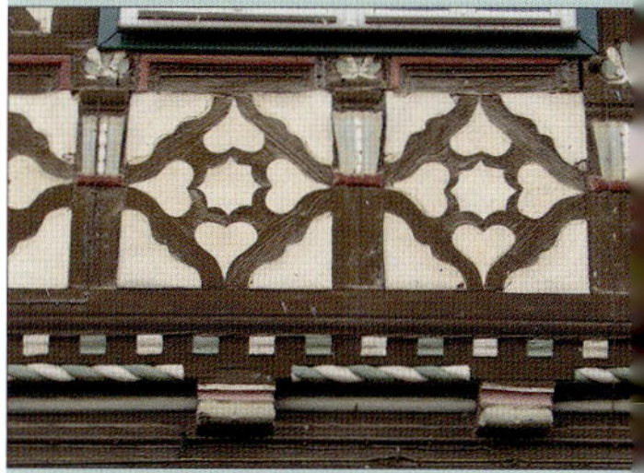

Detail am Amtshaus in Themar

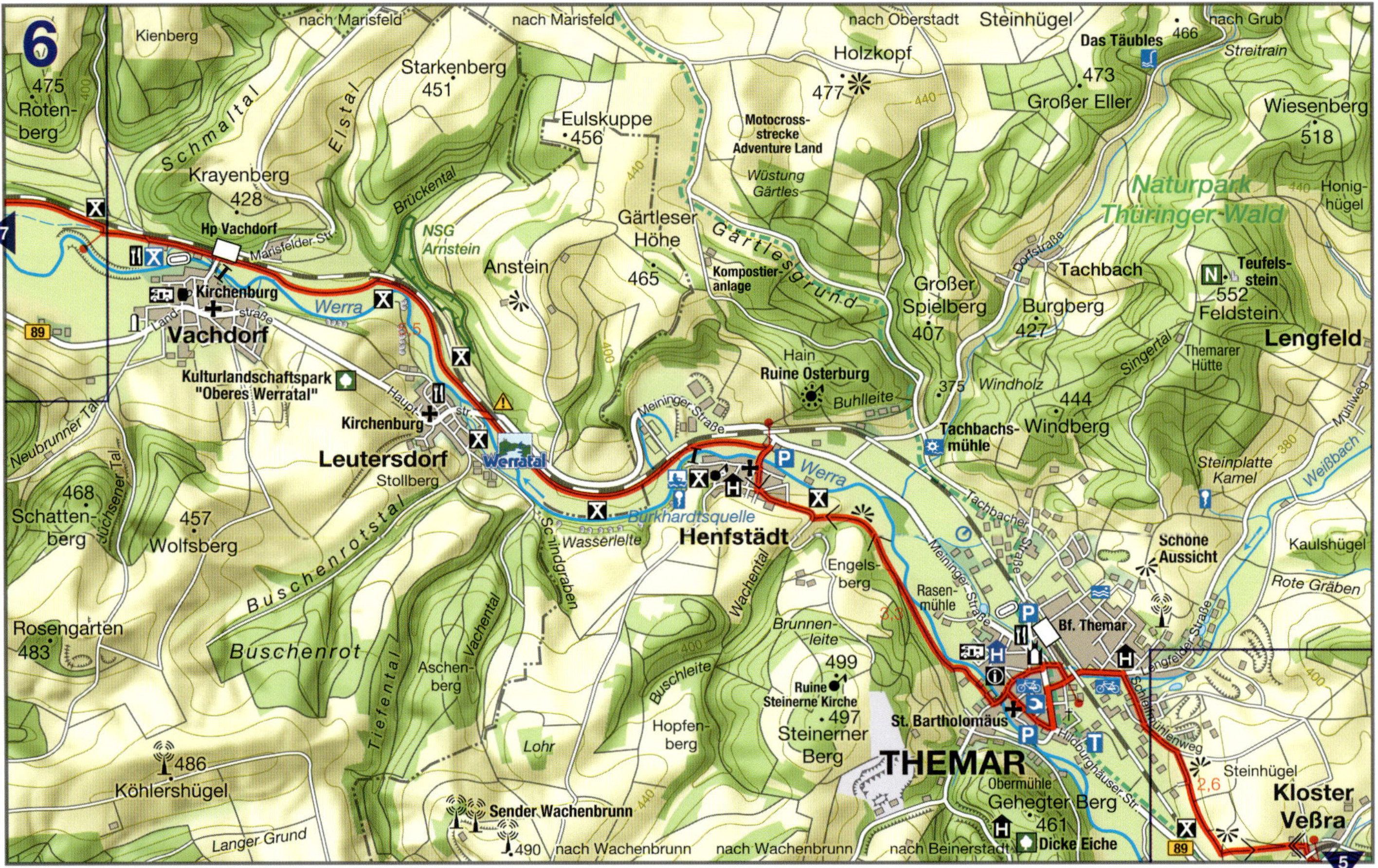
6
7
5
nach Marisfeld
nach Marisfeld
nach Oberstadt
Steinhügel
nach Grub
Kienberg
475
Rotenberg
Starkenberg
451
Holzkopf
477
Das Täubles
466
Streitrain
473
Großer Eller
Wiesenberg
518
Schmaltal
Elstal
Eulskuppe
456
Motocross-strecke Adventure Land
Krayenberg
428
Brückental
Wüstung Gärtles
Naturpark Thüringer Wald
Honighügel
Hp Vachdorf
Marisfelder Str.
NSG Arnstein
Gärtleser Höhe
465
Gärtlesgrund
Anstein
Kompostieranlage
Dorfstraße
Tachbach
Teufelsstein
552
Feldstein
Großer Spielberg
407
Burgberg
427
Kirchenburg
Werra
Vachdorf
Landstraße
89
Lengfeld
Singertal
Themarer Hütte
Hain
Ruine Osterburg
Buhleite
375
Windholz
444
Windberg
Kulturlandschaftspark "Oberes Werratal"
Neubrunner Tal
Hauptstr.
Kirchenburg
Leutersdorf
Stollberg
Werratal
Meininger Straße
Tachbachsmühle
Mühlweg
Weißbach
Steinplatte Kamel
Jüchsener Tal
468
Schattenberg
457
Wolfsberg
Buschenrotstal
Schindgraben
Wasserleite
Burkhardtsquelle
Henfstädt
Tachbacher Straße
Meininger Straße
Engelsberg
Rasenmühle
Schöne Aussicht
Kaulshügel
Rote Gräben
Wachental
Bf. Themar
Lengfelder Straße
Rosengarten
483
Buschenrot
Vachental
Brunnenleite
499
Ruine Steinerne Kirche
497
Steinerner Berg
Aschenberg
Tiefental
Buschleite
Hopfenberg
Lohr
St. Bartholomäus
Schleusinger Straße
Schleifmühlenweg
THEMAR
Hildburghäuser Str.
Steinhügel
Kloster Veßra
486
Köhlershügel
Sender Wachenbrunn
490
Langer Grund
nach Wachenbrunn
nach Wachenbrunn
nach Beinerstadt
Obermühle
Gehegter Berg
461
Dicke Eiche
3,5
3,3
2,6

Ab Themar beginnt die Werra auch für die **Wassersportler** interessant zu werden: Bei gutem Wasserstand können routinierte Kajakfahrer hier einsetzen. Ein kurzes Stück später, ab Meiningen wird sie für Zweierkajaks und schließlich ab Bad Salzungen auch für Kanadier befahrbar. Jeder Ort hat einen Bootsanleger und jedes Wehr eine Umtragestelle. Entlang des Flusses werden auch Kanu-, Floß- und Schlauchboottouren angeboten.

Nach 200 m verlässt man die Landstraße nach rechts. Der gut ausgebaute Radweg schlängelt sich bis **Henfstädt** entlang der Werra.

Henfstädt hat einige interessante Gebäude vorzuweisen. Neben den dekorativen Fachwerkhäusern gibt es drei ehemalige Gutshöfe aus dem 16. und 17. Jahrhundert und das ehemalige Gasthaus zu betrachten. Der Bergfried der Ruine Osterburg dient als Aussichtsturm.

Nach der gut beschilderten Ortsdurchfahrt überqueren wir die Brücke und biegen nach links auf einen Pfad ein. Kurz darauf sieht man die Fischaufstiegsanlage am Wehr von **Henfstädt**. In **Leutersdorf** wird die B 89 überquert und nach 2 km ist **Vachdorf** erreicht, das am gegenüberliegenden Werraufer liegt.

Leutersdorf besitzt eine Besonderheit: hier befindet sich das östlichste Glied in der Kette der Wehrkirchen die sich von hier flussabwärts ziehen. Im weiteren Verlauf liegen Vachdorf, Belrieth, Einhausen, Obermaßfeld und Walldorf. Der Ort steht wegen seiner Anlage und der gut erhaltenen und restaurierten Gebäude im fränkisch-hennebergischen Fachwerkstil unter Denkmalschutz. Leutersdorf wurde zwar erst 1057 urkundlich erwähnt, aber man vermutet eine frühere Besiedlung, sogar ein wichtiger vorchristlicher Kultort soll

98617 Vachdorf
ⓘ **Agentur Kultur-Landschaftspark Oberes Werratal**
Tel.: 01520 / 8680533

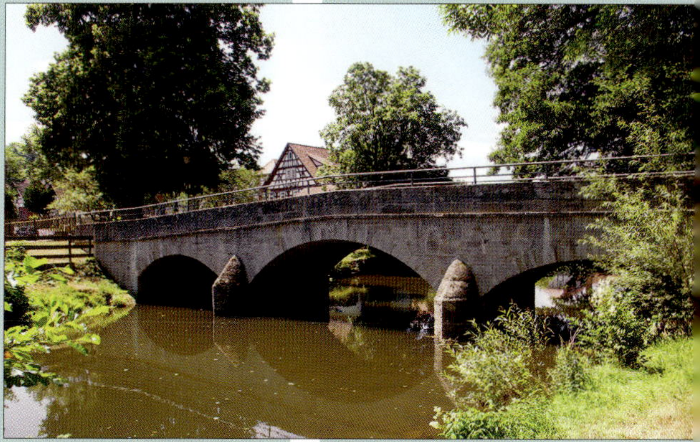

Die Werrabrücke von Henfstädt

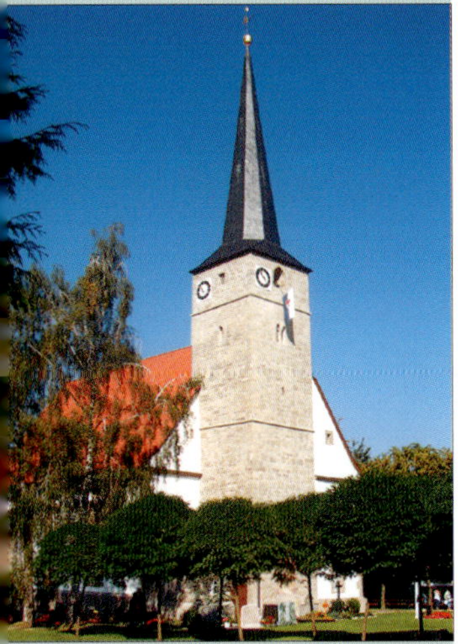

Die Wehrkirche in Vachdorf

hier gewesen sein. Im 13. Jahrhundert war der Ort ein bedeutender christlicher Missionsort; die von den Templern erbaute Kirche war Hauptkirche und Zentrum der Gegend. Der heutige Kirchenbau stammt aus dem Jahre 1763 und ist reich ausgestattet.

Wehrkirchen finden sich besonders in kleinen Orten. Die Dörfler hatten im Gegensatz zu den Städtern nicht das Geld, um Wehranlagen rings um das Dorf zu errichten. Sie waren aber nicht minder den kriegerischen Auseinandersetzungen ihrer Landesherren und damit auch Überfällen und Plünderungen ausgesetzt. Auch größere Räuberbanden waren eine nicht zu unterschätzende Gefahr. Die Kirche, oft der einzige Steinbau im Ort, war am ehesten geeignet, um sich darin zu verteidigen. Die Kirchenmauern dienten gleichzeitig als Verteidigungsmauern. In Südthüringen überwiegen jedoch hauptsächlich Kirchenburgen, die von eigenen Verteidigungsanlagen, Burggräben oder von Gaden (einräumige Häuser) umgeben sind.

Vachdorfs erste urkundliche Erwähnung datiert auf das Jahr 840. Der Name leitet sich von „Fachedorp" ab, das heißt Dorf an dem Fach (Wasserwehr). Schon von weitem grüßt der markante spitze Turm der St.-Trinitatis-Kirche, die eingebettet im malerischen Dorf mit seinen Fachwerkhäusern, das Bild abrundet. Das Kirchenschiff wurde von 1631 bis 1668 an den älteren Turm angebaut. Einst stand hier eine von einem Wassergraben umschlossene Anlage, die nur mit einer Zugbrücke zugänglich war. Ringmauer, Brustwehr, Gaden, Gewölbekeller, Torturm und der wieder errichtete Hutturm vermitteln auch heute noch ein eindrucksvolles Bild.

Wer Vachdorf einen Besuch abstatten will fährt am Bahnhof nach links.

Der Radweg verläuft weiterhin längs der Gleise durch die Obstbaumallee nach **Belrieth**. Der rechts- und linksseitig der Werra gelegene Ort, wird durch die steinerne Brücke von 1534 verbunden. Zwar führt der Radweg geradeaus durch den Ort;

ein kleiner Umweg zum Naturwehr der Werra, der Brücke und der erhöht liegenden Wehrkirche ist jedoch sehr zu empfehlen.

Durch die **Lindenstraße** gelangen wir wieder auf den Radweg. Der Weg führt erst auf die neue Autobahnbrücke zu, und nach einer links-rechts Abbiegung geradewegs auf den Kirchturm von **Einhausen** zu. An der Hauptstraße biegen wir nach rechts ab. Einhausen ist ein typisches Straßendorf. Wir passieren wieder eine Wehrkirche. Ihr gegenüber steht ein herrschaftliches Eingangstor mit den noch erhaltenen Sitzkonsolen aus dem Jahre 1620. Der Straße der Einheit folgend überqueren wir die Haselbrücke und schwenken danach links auf den Radweg ein. Über einen Weg gelangen wir an die alte Werrabrücke von **Obermaßfeld-Grimmenthal**.

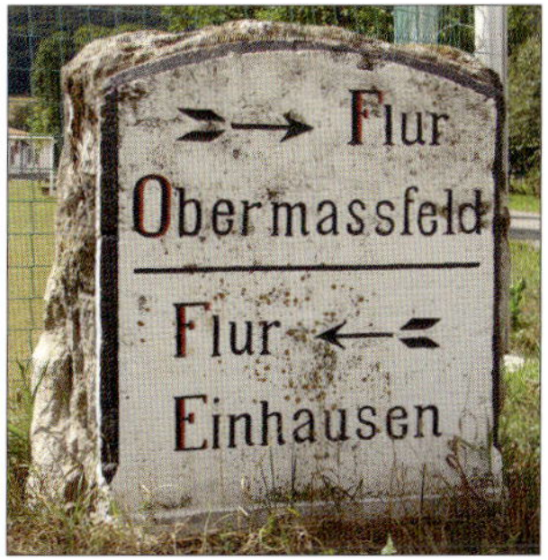

Da geht's lang

Grimmenthal war am Ausgang des Mittelalters ein berühmter Wallfahrtsort. An der Kapelle am rechten Ufer begann der Stationsweg zur Wallfahrtskirche.

Auf der anderen Seite der Brücke setzt sich der Radweg nach Untermaßfeld fort. An der nächsten Abbiegung nach rechts in die Meininger Straße. Zweimal werden die Bahnschienen gequert, Zeichen des Knotenpunktes Grimmenthal. Über die Werrastraße fahren wir nach **Untermaßfeld** ein. Nach der Kirche geht es rechts. An der Karl-Marx-Straße liegt die den Ort dominierende Justizvollzugsanstalt, im ehemaligen Wasserschloss.

Um 1200 war das Schloss **Untermaßfeld**, ähnlich der Wartburg, eine Pflegestätte der Dichtkunst. Der Minnesänger Wolfram von

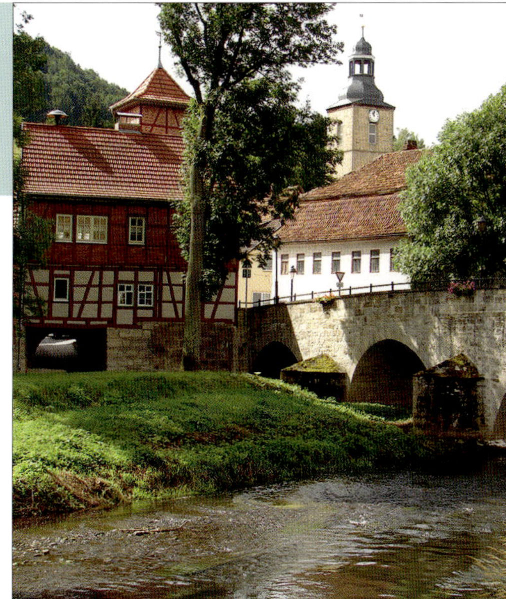
Die Werrabrücke in Belrieth stammt aus dem Jahr 1534.

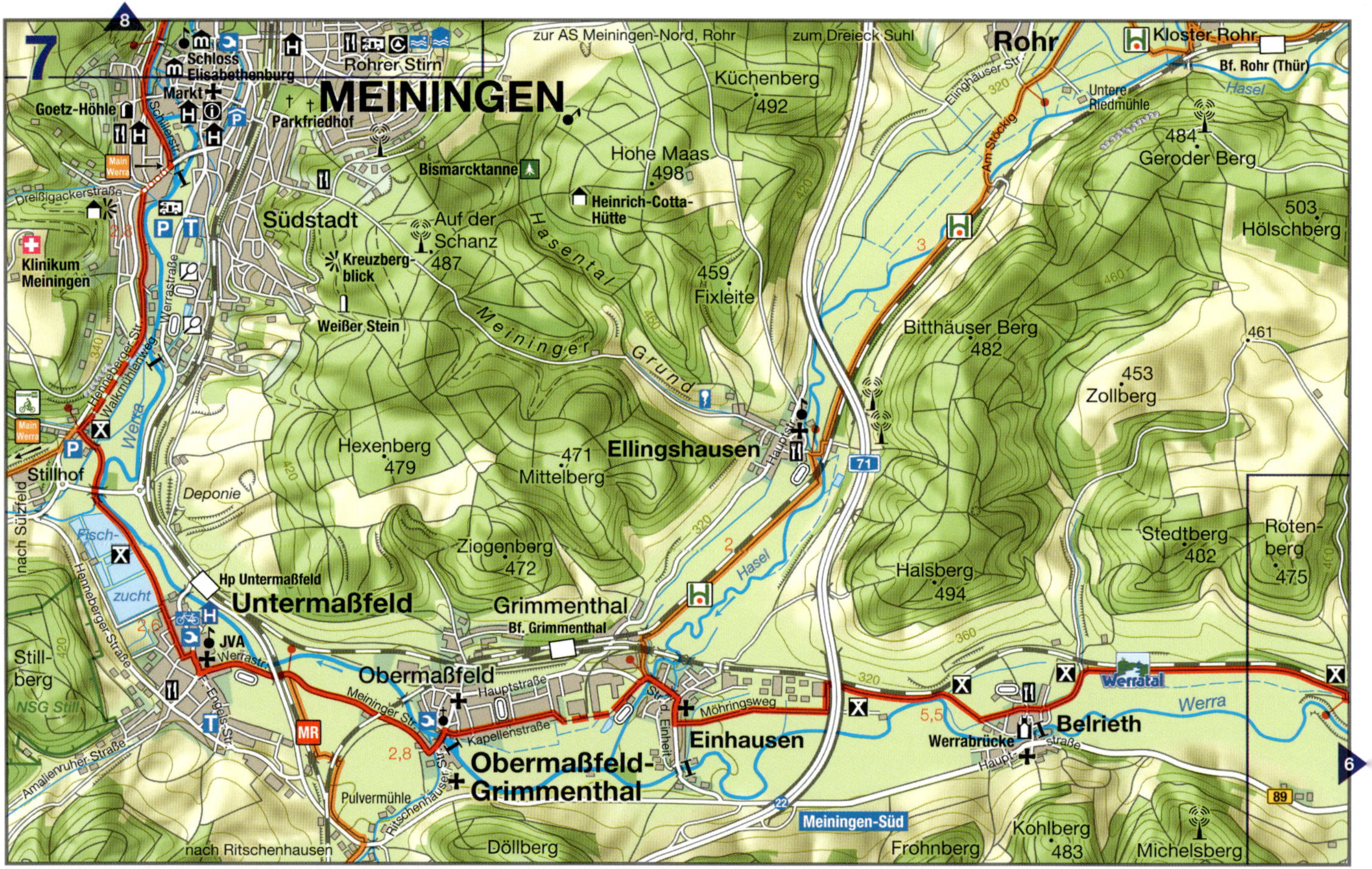
7
8
6
MEININGEN
Schloss Elisabethenburg
Markt
Goetz-Höhle
Rohrer Stirn
Parkfriedhof
zur AS Meiningen-Nord, Rohr
zum Dreieck Suhl
Rohr
Kloster Rohr
Bf. Rohr (Thür)
Küchenberg 492
Hohe Maas 498
Bismarcktanne
Heinrich-Cotta-Hütte
Ellinghäuser Str.
Untere Riedmühle
Hasel
484 Geroder Berg
503 Hölschberg
Am Stöckig
Dreißigackerstraße
Main Werra
Schillerstr.
Südstadt
Auf der Schanz 487
Kreuzberg-blick
Weißer Stein
Hasental
Meininger Grund
459 Fixleite
Bitthäuser Berg 482
461
453 Zollberg
Klinikum Meiningen
Werrastraße
Heineberger Str.
Walkmühlenweg
Werra
Hexenberg 479
471 Mittelberg
Ellingshausen
Hauptstr.
71
Stillhof
Deponie
nach Sülzfeld
Fisch-zucht
Ziegenberg 472
Halsberg 494
Stedtberg 482
Roten-berg 475
Hp Untermaßfeld
Untermaßfeld
Grimmenthal
Bf. Grimmenthal
JVA
Werrastr.
Still-berg
NSG Still
Heineberger Straße
Obermaßfeld
Hauptstraße
Meininger Str.
Kapellenstraße
Möhringsweg
Str. d. Einheit
Einhausen
Werratal
Werra
Belrieth
Werrabrücke
Hauptstraße
Engels-Str.
Amalienruher Straße
MR
Obermaßfeld-Grimmenthal
Ritschenhäuser Str.
Pulvermühle
nach Ritschenhausen
Döllberg
22
Meiningen-Süd
Frohnberg
Kohlberg 483
Michelsberg
89
2,8
2,6
2,8
2
3
5,5

Eschenbach erhielt hier seinen Ritterschlag. Im 15. Jahrhundert wurde es zu einer starken Festung ausgebaut. Im Laufe der Geschichte diente das Schloss als Zeughaus und Rüstkammer, seit 1813 ist es Strafanstalt.

Gegenüber dem Eingangstor der Justizvollzugsanstalt fahren wir links in die Theodor-Neubauer-Straße und rechts in die Teichstraße. Wir gelangen an kleinen Fischteichen vorbei, rechts auf den Walkmühlenweg, den Ortsanfang **Meiningen**s. Der Radweg stößt auf die „ehem. B 19“. Von links schließen der Main-Werra-Radweg und der Sülzetal-Radweg auf.

98617 Meiningen
ⓘ **Touristinformation**
Tel.: 03693 / 44650
Schloss Elisabethenburg
Tel.: 03693 / 503641

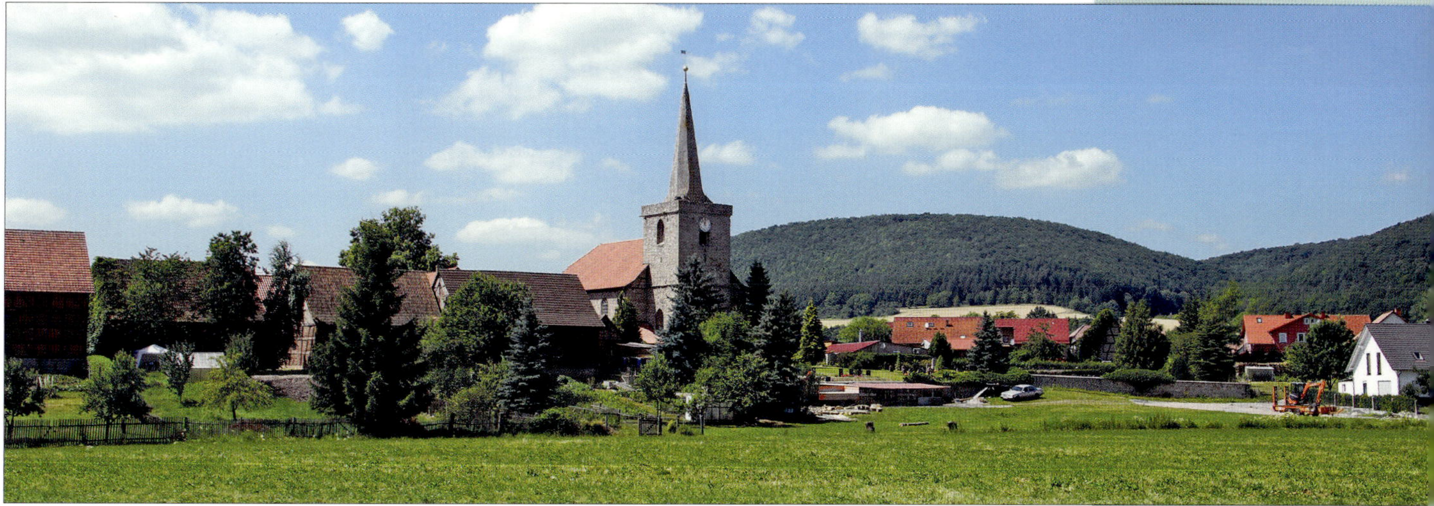

Einhausen mit seiner Wehrkirche

Von Eisfeld nach Meiningen (56 km)

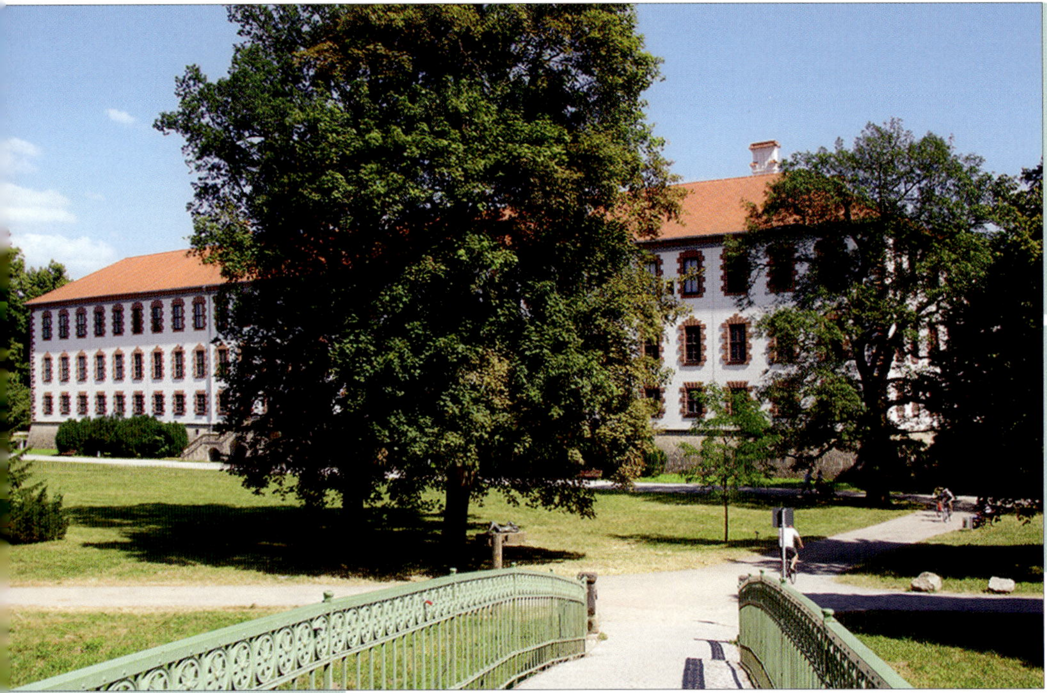

Schloss Elisabethenburg, Schlosspark und Werrabrücke in Meiningen

Der **Main-Werra-Radweg** kommt aus Unterfranken und stellt die Verbindung zwischen Main und Werra dar. Seine Route verläuft auf 140 km, mit teils anspruchsvollen Abschnitten, von Würzburg, Schweinfurt, Bad Neustadt, Mellrichstadt, Ritschenhausen nach Meiningen.

Der **Sülzetal-Radweg** verbindet die Städte Meiningen und Mellrichstadt. Er verläuft auf dem Werratal-Radweg, dem Main-Werra-Radweg und auf dem überregionalen Radweg Meiningen–Haßfurt (MH).

Vom Radweg rechts auf die Straße und vor der Werrabrücke nach links in die Schillerstraße.

Entlang der Werra passieren wir den Abzweig zur **Goetz-Höhle**, der größten begehbaren Kluft- und Spalthöhle Europas.

Weiter geradeaus, an der Georgsbrücke vorbei, bis zu einer hochgewölbten Fußgängerbrücke. Über diese gelangen wir durch den Schlosspark in die Meininger Innenstadt.

Theaterstadt Meiningen

„Dem Volke zur Freude und Erhebung" baute der musensinnige Herzog Georg II. von Sachsen-Meiningen Ende des 19. Jahrhunderts ein Hoftheater, welches europaweit Aufsehen erregte. Die kulturelle Reform der Theaterwelt sichern der Meininger Bühne bis heute eine Sonderstellung – und das Selbstverständnis Meiningens als Theaterstadt. Hans von Bülow, Johannes Brahms und Max Reger haben mit der Meininger Hofkapelle gearbeitet und in Meiningen Musikgeschichte geschrieben. Neben dem Theater an sich gibt das **Theatermuseum** „Zauberwelt der Kulisse" im ehemaligen Reithaus Einblick in die prachtvollen historischen Kulissen der „Meininger" auf Reisen. So wurde das Hoftheater, während seiner 1864 beginnenden, beispiellosen 16-jährigen Tourneetätigkeit durch 38 Städte Europas genannt. Dabei kamen bei knapp 2.600 Vorstellungen 41 Werke, insbesondere von Shakespeare und Schiller zur Aufführung. Von 1682 bis 1692 wurde das **Schloss Elisabethenburg** erbaut. Die großzügige, barocke Dreiflügelanlage war bis 1918 die Residenz der Herzöge von Sachsen-Meiningen. Heute beherbergt das Schloss ein historisches Museum, eine Kunstsammlung und eine Abteilung zur Musik- und Theatergeschichte. Zum Verbund der Meininger Museen gehört auch das **Literaturmuseum Baumbachhaus**. Neben einer Ausstellung zum Leben und Wirken des Heimatdichters Rudolf Baumbach und Werken von Jean Paul und Friedrich Schiller während ihrer Meininger Zeit, wird im Literaturmuseum auch des Schriftstellers Ludwig Bechstein (1801–1860) gedacht. Bekannt geblieben sind vor allem seine Märchensammlungen. Unter anderem brachte er die Sagen der Wartburg in eine literarische Form. Ein **Bechsteinbrunnen** findet sich im **Englischen Garten**, der grünen Oase mitten in der Stadt. Der bereits 1782 angelegte roman-

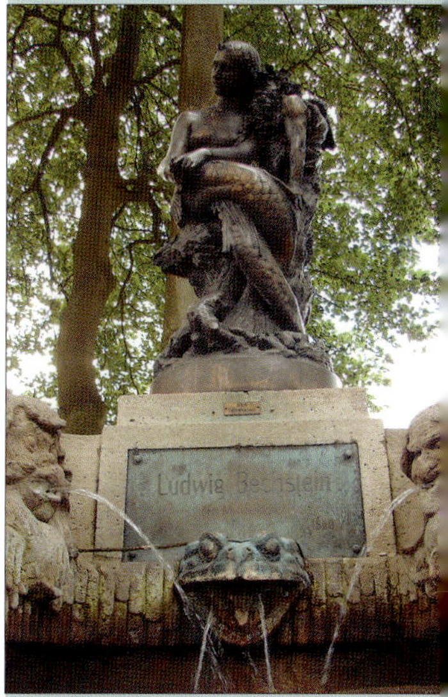

Ein Brunnen für den Märchen- und Sagendichter Ludwig Bechstein in Meiningen

98617 Meiningen
ⓘ **Touristinformation**
Tel.: 03693 / 44650
Literaturmuseum
Tel.: 03693 / 502848
Meininger Museen
Tel.: 03693 / 503641

tische Park ist ganz der Idee des „begehbaren Landschaftsgemäldes" verpflichtet. Auf einem Gebiet von 12 Hektar schaffen kleine Teiche, künstliche Ruinen, kleine Brücken, Brunnen und Denkmäler und die herzogliche Gruftkapelle abwechslungsreiche und malerische Eindrücke. Der andere grüne Pol Meiningens ist der **Schlosspark**. Er liegt eingerahmt vom Schloss Elisabethenburg und dem Marstall, von Stadtvillen, dem Landschaftspark Herrenberg und den beiden Werrabrücken Georgsbrücke im Süden und Volkshausbrücke im Norden. Meiningens Innenstadt besitzt eine Reihe von sehenswerten, heute denkmalgeschützten **Fachwerk- und Bürgerhäuser**n aus verschiedenen Jahrhunderten. Hierzu zählen das Büchnersche Hinterhaus (1596) in der Georgstraße, die Alte Posthalterei (17. Jh.) in der Ernestinerstraße, das Hartungsche Haus (1603) am Schwabenberg und das Haus Nr. 49 in der Ernestinerstraße. Als Bürgerhäuser sind das Henneberger Haus (1894) in der Georgstraße, das Steinerne Haus (1571) in der Anton-Ulrich-Straße, das Rokokohaus (1768) in der Schlossgasse 8 und das Schlundhaus (1906) in der Schlundgasse zu nennen. Das Letztere ist ein Nachbau des 1874 abgebrannten, sehr reich verzierten Merkelschen Hauses.

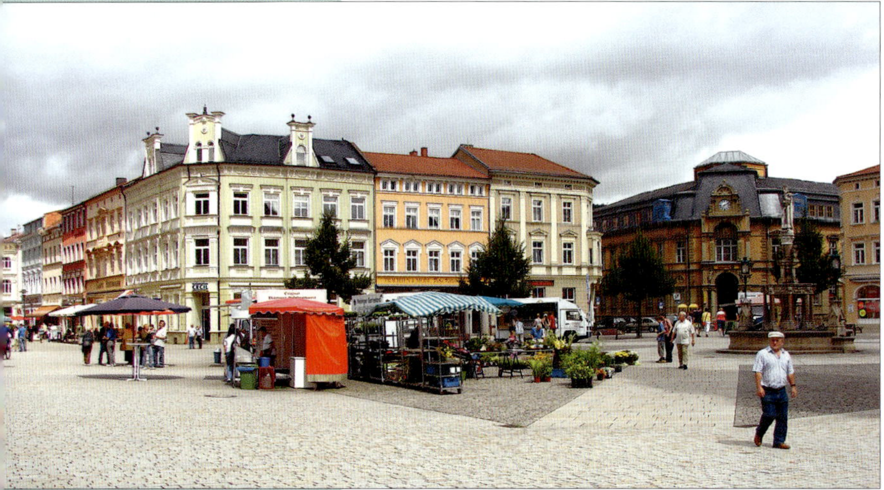

Der Markt in Meiningen

3. Etappe

Nach dem Abstecher in die Meininger Altstadt führt uns der Radweg bis zur Flutmulde, die zum Hochwasserschutz angelegt wurde. An ihr entlang, und einer ehemaligen Brauerei vorbei, gelangen wir zur Landsberger Straße, die wir schräg links queren. Die Straße Am Weidig führt durch ein Wohngebiet und Gartenanlagen aus Meiningen heraus. Nach dem Überqueren der Vorfahrtstraße an der Werrabrücke geht es entspannt durch die Felder auf Walldorf zu.

Auf der waldigen Anhöhe liegt **Schloss Landsberg**.

Schloss Landsberg wurde 1840 als Sommerresidenz für die Herzöge von Sachsen-Meiningen auf den Resten einer alten Burganlage errichtet. Dem neogotischen Schloss waren englische Adelssitze Vorbild. Vom Hauptturm genießt man einen weiten Rundblick über das Werratal.

Über die Scheergasse gelangen wir nach **Walldorf**. An der Sparkasse biegen wir rechts in die

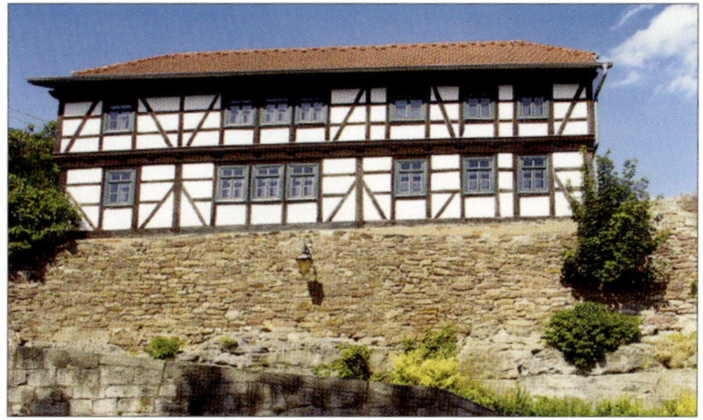

Walldorf, Aufgang zur Kirchenburg

Pfarrgasse und gelangen zum Aufgang der Kirchenburg.

Wahrzeichen von **Walldorf** ist die mächtige Wehrkirche. Sie liegt exponiert auf einem 11 m hohen, z. T. durch einen Halsgraben isolierten Sandsteinfelsen. Eine starke, zwischen vier und acht Metern hohe, Ringmauer aus dem 15. Jahrhundert umgibt die Burganlage. Die Kirche wurde 1584 an den alten Bergfried gebaut. Während des Dreißigjährigen Krieges brannte sie ab und wurde nach dem Krieg bis

98639 Walldorf
ⓘ **Gemeindeverwaltung**
Tel.: 03693 / 897345

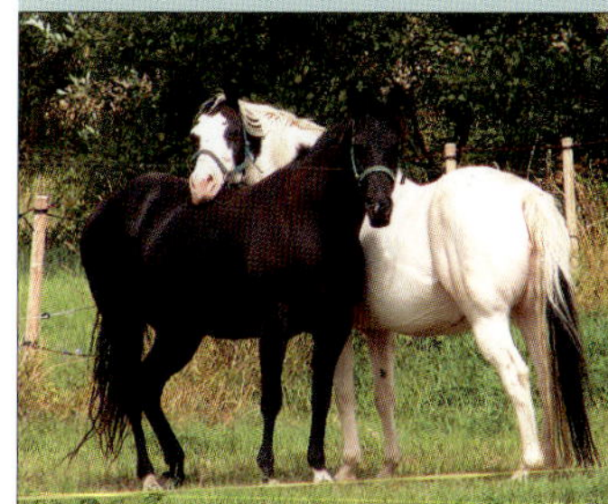

„Stell dir vor, es gäbe das Fahrrad nicht…"

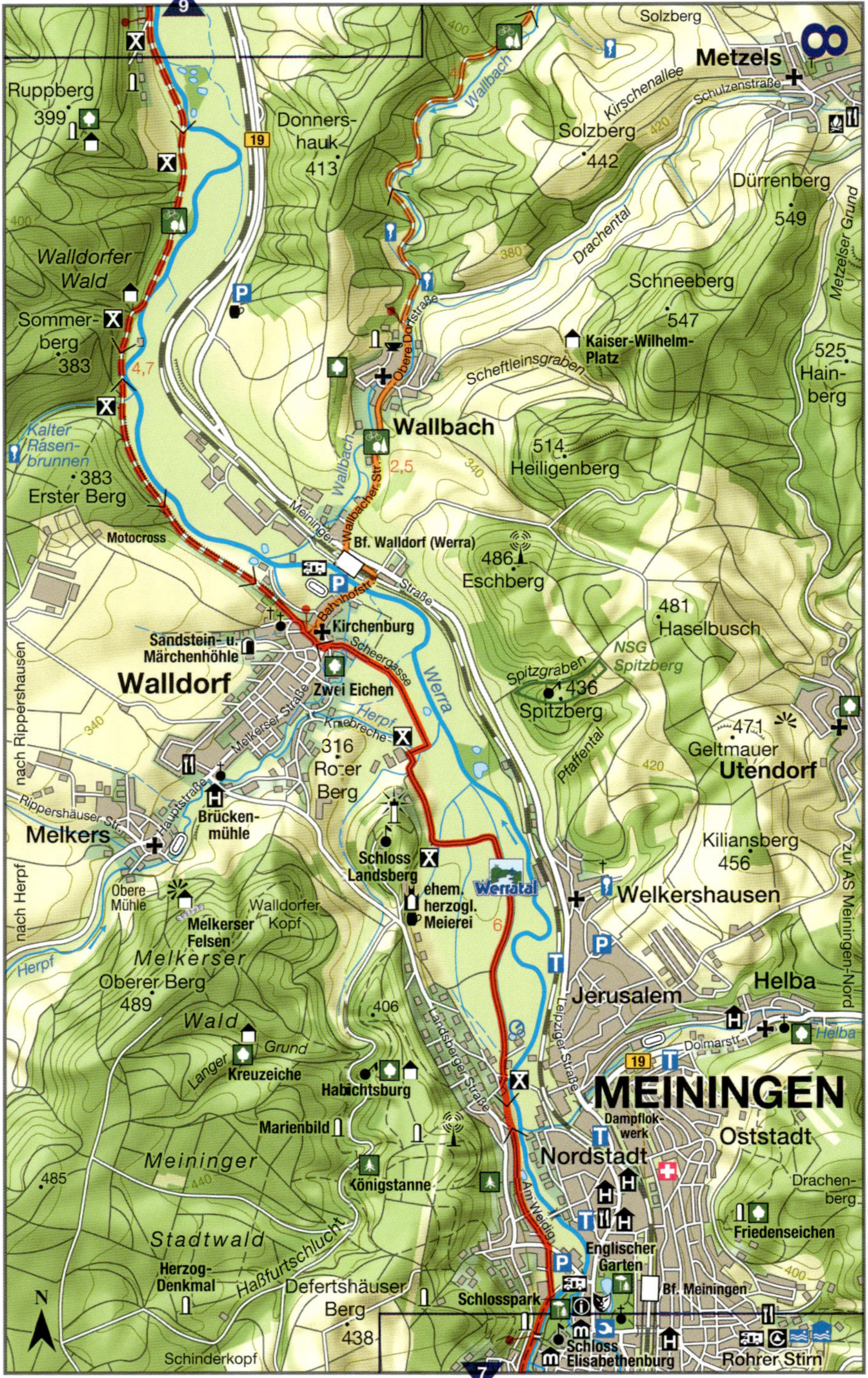
8
Metzels
Solzberg
Kirschenallee
Schulzenstraße
Solzberg 442
Dürrenberg 549
Drachental
Schneeberg 547
Metzelser Grund
Kaiser-Wilhelm-Platz
525 Hainberg
Scheftleinsgraben
Ruppberg 399
Donnershauk 413
Walldorfer Wald
Sommerberg 383
Kalter Rasenbrunnen
383 Erster Berg
Motocross
Wallbach
Obere Dorfstraße
Wallbacher Str.
514 Heiligenberg
Bf. Walldorf (Werra)
Meininger Straße
486 Eschberg
481 Haselbusch
NSG Spitzberg
Spitzgraben
436 Spitzberg
Pfaffental
471 Geltmauer
Utendorf
Bahnhofstr.
Kirchenburg
Scheergasse
Sandstein- u. Märchenhöhle
Walldorf
Zwei Eichen
Werra
Herpf
Melkerser Straße
316 Roter Berg
Hauptstraße
Brückenmühle
Rippershäuser Str.
Melkers
nach Rippershausen
nach Herpf
Obere Mühle
Walldorfer Kopf
Melkerser Felsen
Melkerser Oberer Berg 489
Wald
Langer Grund
Kreuzeiche
Schloss Landsberg
ehem. herzogl. Meierei
Werratal
Kiliansberg 456
Welkershausen
zur AS Meiningen-Nord
Helba
Jerusalem
Leipziger Straße
Dolmarstr.
MEININGEN
Dampflokwerk
Oststadt
Nordstadt
406
Landsberger Straße
Habichtsburg
Marienbild
Königstanne
Am Weidig
Drachenberg
Friedenseichen
Englischer Garten
Bf. Meiningen
Schlosspark
Schloss Elisabethenburg
Rohrer Stirn
485
Meininger Stadtwald
Herzog-Denkmal
Haßfurtschlucht
Defertshäuser Berg 438
Schinderkopf
9
7
19
2,5
4,7
6
340
380
400
420
440
N

1651 wiedererrichtet. Seit diesen gut 360 Jahren hat sie Kriegen und Umwettern getrotzt, bis sie im Jahr 2012 bei Sanierungsmaßnahmen abbrannte. Schockiert und entsetzt haben es sich die Walldorfer zu ihrer Aufgabe gemacht, ihre Kirche wieder aufzubauen und sind dankbar für jede Unterstützung. Die **Sandsteinhöhle** ist keine Schöpfung der Natur, sondern ein Werk der „Sandmacher". Vor mehr als 200 Jahren begannen Walldorfer Familien, sich mühsam in den Sandstein hinein zu arbeiten und ihren Lebensunterhalt mit dem weißen, feinkörnigen Sand, der als Scheuersand Verwendung fand, zu verdienen. So entstand eine riesige Höhle von 65.000 Quadratmetern Grundfläche. 2.500 Säulen tragen das Gewölbe der größten durch Menschenhand geschaffenen Höhle Europas. Vor dem Ersten Weltkrieg wurden die Arbeiten eingestellt. Seit 1957 kann man die Höhle besichtigen. Als Attraktion, besonders für Kinder gedacht, gelten die Märchenbilder, mit denen Walldorfer Bürger einen Teil der Höhle gestalteten. Außerdem werden in der Höhle Dokumente und Werkzeuge gezeigt, die die Arbeit der Sandmacher veranschaulichen. Darüber hinaus sind in Walldorf noch einige schöne Fachwerkhäuser wie die ehemalige Schmiede (1592), das „Rote Haus" (um 1600) und das ehemalige Gasthaus „Zum Freien Ritter" (1697) zu bewundern.

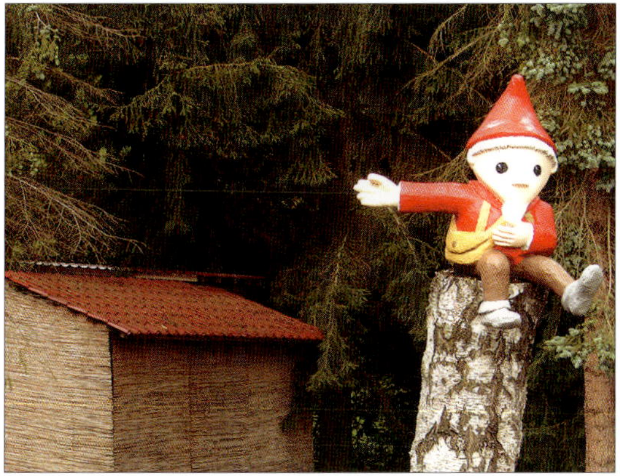

Hier geht's zur Märchenhöhle

Hinter der Wehrkirche nach rechts der Solzer Straße bis zum Ortsausgang folgen. Der geschotterte Weg führt am jüdischen Friedhof vorbei. Bis 1860

98639 Walldorf
Sandstein- und Märchenhöhle
Tel.: 03693 / 89910

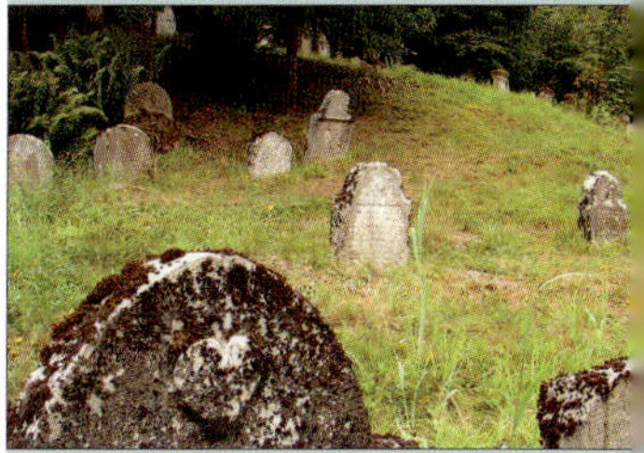

Der jüdische Friedhof in Walldorf

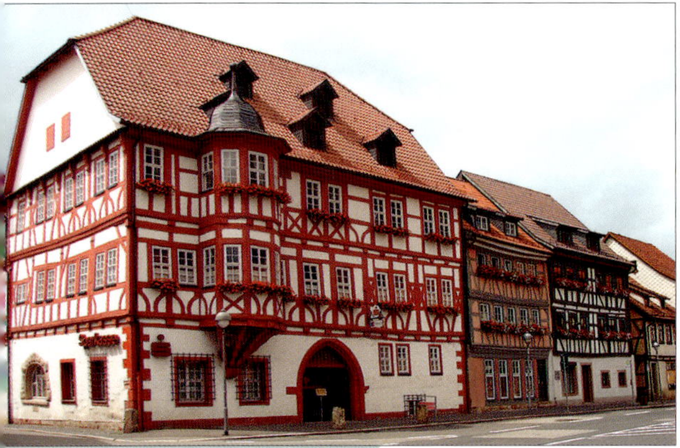

Wasungens Rathaus

98634 Wasungen
ⓘ **Touristinformation**
Tel.: 036941 / 71505
Stadtmuseum
Tel.: 036941 / 71505

98590 Schwallungen
ⓘ **Gemeindeverwaltung**
Tel.: 036848 / 381-0

war die jüdische Gemeinde Walldorfs eine der größten im Lande. Wir bleiben links der Werra und fahren am Waldrand entlang. Im Laufe ihres Wegs hat die Werra an Mächtigkeit zugenommen. Aus dem kleinen Gebirgsbach ist ein ordentlicher Fluss geworden, der nicht nur der Landschaft bildhaft sein Gepräge gibt, sondern sie auch klimatisch beeinflusst. Im Werratal ist es meistens etwas milder als in den angrenzenden Lagen. Bis 1990 wurde sogar Tabak auf den Feldern in dieser Gegend angebaut. Hier blüht es im Frühjahr immer ein wenig zeitiger und üppiger.

Wasungen erreichen wir über den Klosterweg, der in die Ostheimer Straße mündet. Nach rechts abbiegen und an der T-Kreuzung zur Bahnhofstraße nach links. Wer die Fachwerk- und Karnevalsstadt Wasungen besuchen möchte, fährt hier rechts, überquert die Werra und gelangt geradeaus zum Markt.

Wasungen wurde 874 erstmals urkundlich erwähnt. Vom Mittelalter bis ins 18. Jahrhundert war Wasungen eine Handelsstadt und Marktort. Aus dieser Zeit stammen auch die schönen Baudenkmäler der Stadt, die überwiegend im hennebergisch-fränkischen Fachwerkstil errichteten Häuser aus dem 16. bis 18. Jahrhundert. Bemerkenswerte Beispiele sind das Rathaus, der Amtshof und das Damenstift, in dem sich heute das Stadtmuseum und das **Thüringer Karnevalsmuseum** befinden. Seit dem frühen 16. Jahrhundert wird, hervorgegangen aus den Fastnachtsspielen, der Wasunger Karneval gefeiert. Der Faschingsumzug am Faschingssamstag ist mit seinen selbstgenähten Kostümen einer der kreativsten Deutschlands. Über der Stadt erhebt sich die **Burg Maienluft** mit Hotel und Restaurant, ein beliebtes Ausflugsziel. Am Rande der Stadt gibt es einen Naturlehrpfad sowie den **Forstbotanischen Garten**. In ihm sind mehr als 2.000 Arten von Pflanzen, einheimische sowie seltene Bäume und Sträucher zu sehen.

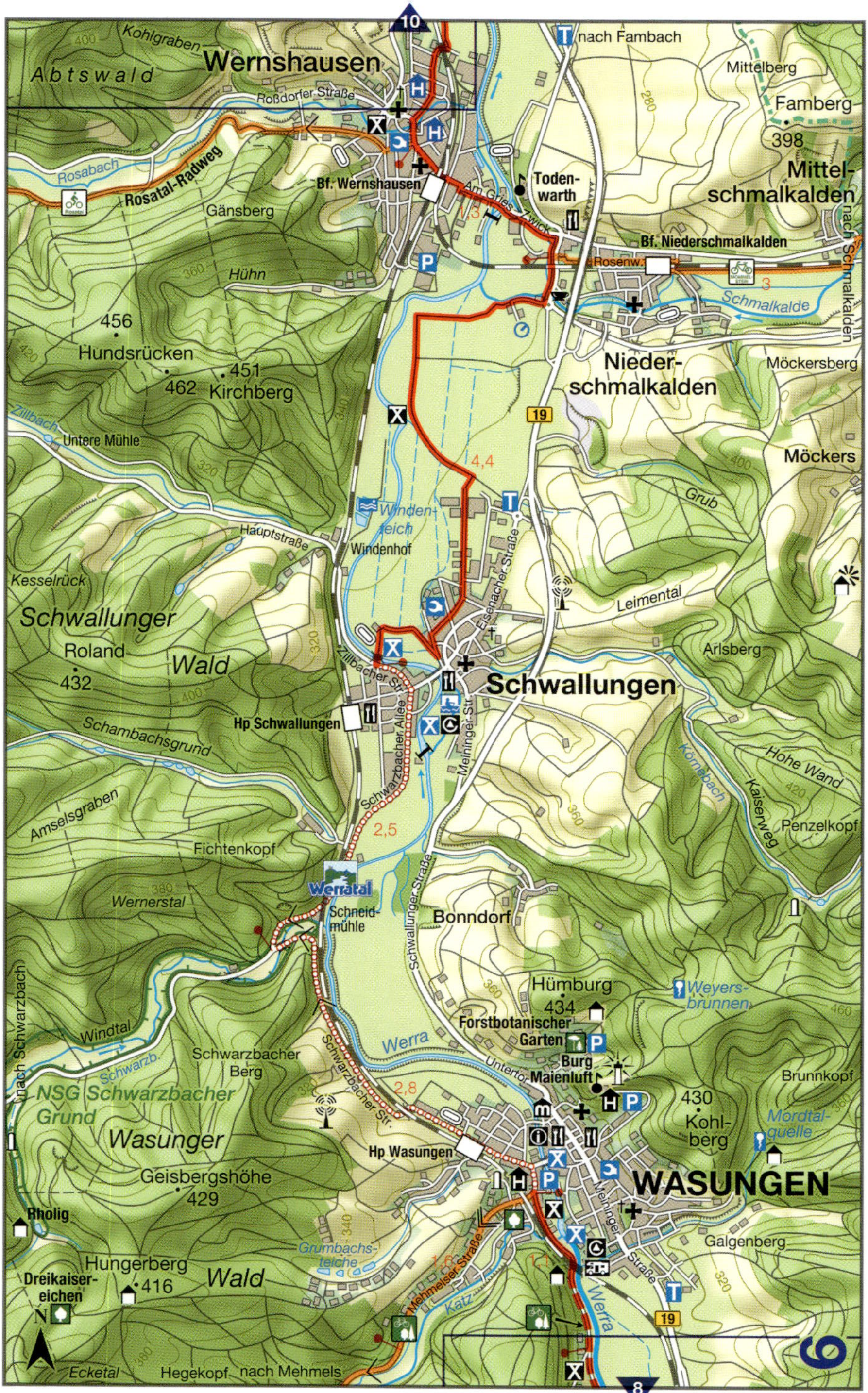

10
Wernshausen
Abtswald
Kohlgraben
Roßdorfer Straße
Rosatal-Radweg
Rosabach
Bf. Wernshausen
Am Gries
Zwick
1,3
Toden-
warth
nach Fambach
Mittelberg
Famberg
398
Mittel-
schmalkalden
nach Schmalkalden
Bf. Niederschmalkalden
Rosenw.
3
Schmalkalde
Nieder-
schmalkalden
Möckersberg
Möckers
Gänsberg
Hühn
456
Hundsrücken
462
451
Kirchberg
Zillbach
Untere Mühle
19
4,4
Grub
Winden-
teich
Windenhof
Hauptstraße
Eisenacher Straße
Kesselrück
Leimental
Schwallunger
Wald
Roland
432
Arlsberg
Zillbacher Str.
Schwallungen
Hp Schwallungen
Schwarzbacher Allee
Meininger Str.
Schambachsgrund
Körnebach
Hohe Wand
Kaiserweg
Amselsgraben
2,5
Penzelkopf
Fichtenkopf
Schwallunger Straße
Werratal
Wernerstal
Schneid-
mühle
Bonndorf
nach Schwarzbach
Windtal
Schwarzb.
Schwarzbacher
Berg
Schwarzbacher Str.
NSG Schwarzbacher
Grund
Hümburg
434
Weyers-
brunnen
Forstbotanischer
Garten
Werra
Unterfor
Burg
Maienluft
2,8
Brunnkopf
430
Kohl-
berg
Mordtal-
quelle
Wasunger
Hp Wasungen
Geisbergshöhe
429
WASUNGEN
Rholig
Grumbachs-
teiche
Meininger
Straße
Galgenberg
Hungerberg
416
Wald
Dreikaiser-
eichen
Mehmelser Straße
1,6
1,1
Katz
Ecketal
Hegekopf
nach Mehmels
9
8

Von Meiningen nach Bad Salzungen (41 km)

98590 Wernshausen
ⓘ Touristinformation Schmalkalden
Tel.: 03683 / 403182

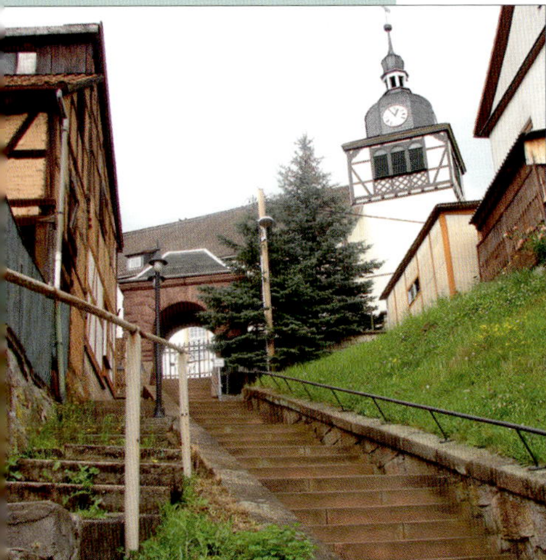

Kirche mit Überblick – hoch über Wernshausen

Am Bahnhof rechts vorbei, folgen wir dem Straßenverlauf. Wir unterqueren die Bahnlinie und müssen weiter auf der Landstraße Richtung Schwarzbach bleiben. Vorsicht! Die kurvige Strecke verleitet Autofahrer gerne zum forschen Fahren. Haben wir uns die Ansteigung hinauf gestrampelt, geht es kurz und mit Kurven nach unten zu einer kleinen Kreuzung. Nach links führt uns der Weg nach Schwarzbach. Nach rechts geht es durch ein romantisches Tal nach **Schwallungen**.

Bereits aus dem Jahre 788 stammt eine urkundliche Erwähnung **Schwallungen**s als Schenkung an das Kloster Fulda, und damit zählt der Ort zu den Senioren an der Werra. Bauhistorisch sind die **Kirche** und die **Kemenate** sehenswert.

Wir durchqueren den Ort und am Sportplatz führt uns eine Fußgängerbrücke über die Werra. Am Sportplatz vorbei und rechts, wieder Richtung Ort. Der Weg, auf den wir rechts einbiegen, heißt Trakehner Weg. Ihm folgen wir bis zum Heubachweg, um dann in einer Spitzkehre auf dem Heubachweg bis zum Werraweg zu fahren und auf ihn wieder nach rechts einzubiegen. Wir überqueren den Cralacher Weg und gelangen auf den Riethweg, der uns geradeaus durch ein Gewerbegebiet und damit aus der Ortschaft führt. Hinter uns das Gewerbegebiet, vor uns Feldflur – wir halten uns links, kommen an einem Rastplatz vorbei und grüßen kurz die Werra, um sie in einem Bogen nach rechts wieder zu verlassen.

Wir kommen zum Kreisverkehr, an dem wir links auf dem straßenbegleitenden Radweg vorbei fahren und die Bahngleise überqueren. Dann erreichen wir die Kreuzung „Zwick“. Wir biegen links ab in Richtung **Wernshausen,** fahren über die Werrabrücke bis zum Bahnhof.

Wernshausens Lage am Zufluss von Rosa und Schmalkalde in die Werra sowie der Holzreichtum der umliegenden Wälder boten günstige Voraussetzungen für die ersten Siedler. Auch wenn die erste urkundliche Erwähnung auf 1184 zurückgeht, ist anzunehmen, dass schon früher eine Besiedlung erfolgte. Vom 16. bis zum 19. Jahrhundert war Wernshausen Mittelpunkt der Werraflößerei. Das Holz wurde bis nach Hann. Münden, teilweise sogar bis nach Bremen geflößt. Die Stadt erlebte einen wirtschaftlichen Aufschwung. Aus dieser Zeit stammen die im Villenstil errichteten prunkvollen Fachwerkhäuser. Architektonisches Beispiel ist das Gebäudeensemble der „Insel“, die unter Denkmalschutz steht. Dazu gehören: die einstige Villa des Kommerzienrates Siegmund Fischer (1885), welche heute ein Ärztehaus ist, die Bahnstation und das Rathaus in der Alexander-Puschkin-Straße. Mit der Eröffnung der Werra-Eisenbahn 1858 kam die Flößerei zum Erliegen. Heutzutage sind Holzbearbeitung und Papierherstellung die wichtigsten produzierenden Gewerke. In Wernshausen treffen sich aus westlicher Richtung der Rosatal-Radweg und aus Richtung Osten der Mommelstein-Radweg.

Nach Überqueren der Gleisanlagen nehmen wir rechts die Bahnhofstraße, fahren an der Gaststätte „Zur Linde“ vorbei, und auf die Rudolf-Breitscheid-Straße. Nach dem Überqueren der Rosa, halten wir uns scharf rechts. Wir kommen auf den Karrenweg und unter den Bahngleisen hindurch führt uns der Radweg nach links bald wieder zur Werra, die wir entlang des linken Ufers bis **Breitungen** begleiten.

Gleich wenn wir nach Breitungen einradeln, lockt der Gasthof „Zur Linde“ an der Marienkirche mit seinem hübschen Biergarten.

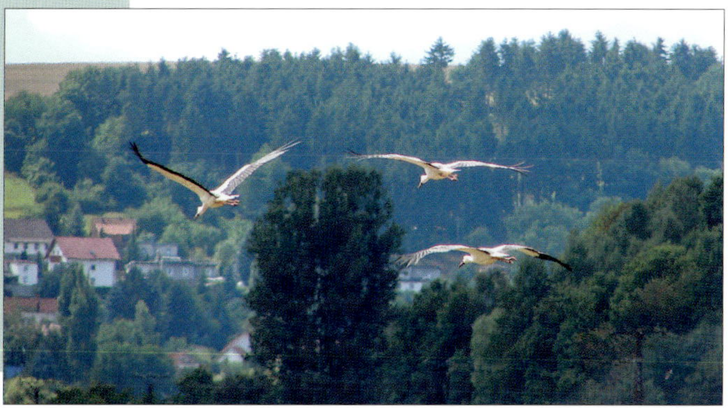

Werraland ist Storchenland

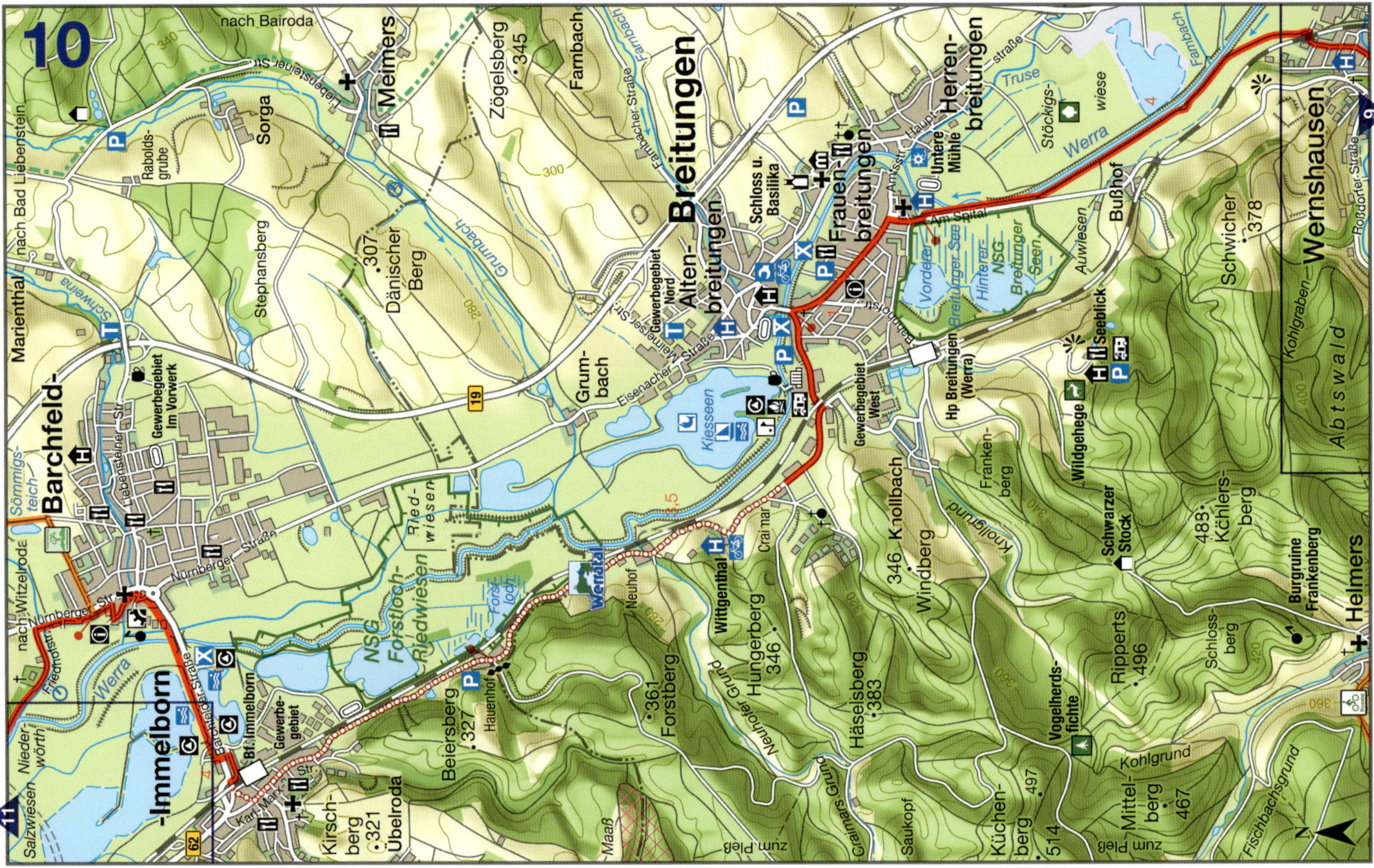
10
nach Bairoda
Meimers
Zögelsberg
345
Farnbach
Breitungen
Herren-
breitungen
Sorga
Rabolds-
grube
nach Bad Liebenstein
Marienthal
Stephansberg
Dänischer
Berg
307
Grumbach
Schloss u.
Basilika
Frauen-
breitungen
Alten-
breitungen
Untere
Mühle
Stöckigs-
wiese
Werra
Truse
Bußhof
Schwicher
378
Wernshausen
Abtswald
Kohlgraben
Gewerbegebiet
Nord
Gewerbegebiet
West
Gewerbegebiet
Im Vorwerk
Eisenacher Straße
Meiningers Str.
Am Spital
Vorderer
Breitunger See
Hinterer
Breitunger
Seen
NSG
Auwiesen
Seeblick
Hp Breitungen
(Werra)
Wildgehege
Kiesseen
Barchfeld-
Grum-
bach
Riedwiesen
Sömmigs-
teich
Nürnberger Straße
nach Witzelroda
NSG
Forstloch-
Riedwiesen
Forst-
loch
Werratal
Neuhof
Crainar
Wittgenthal
Knollbach
346
Windberg
Franken-
berg
Knollgrund
483
Köhlers-
berg
Schwarzer
Stock
Burgruine
Frankenberg
Helmers
Immelborn
Bf. Immelborn
Gewerbe-
gebiet
Nieder-
wörth
Salzwiesen
Beiersberg
327
Hauenhof
361
Forstberg
Hungerberg
346
Neuhofer Grund
Häselsberg
383
Kirsch-
berg
321
Übelroda
Karl-Marx-Str.
Maaß
zum Pleß
Craimars Grund
Saukopf
Küchen-
berg
514
497
Vogelherds-
fichte
Ripperts
496
Schloss-
berg
Kohlgrund
Mittel-
berg
467
Fischbachsgrund
Roßdorfer Straße
19
62
11
9

In **Breitungen** markiert die Werra die Grenze zwischen der Vorderen Rhön am Westufer und dem westlichen Thüringer Wald am Ostufer. Der Ort entstand durch den Zusammenschluss von drei Ortsteilen sowie sieben Ansiedlungen und Höfen. **Altenbreitungen** am linken und rechten Werraufer gelegen ist der älteste Teil. Am linken Ufer liegt das einstige Königsbreitungen, welches im 13. Jahrhundert auf Grund des dort existierenden Prämonstratenser Nonnenklosters in **Frauenbreitungen** umbenannt wurde. Am rechten Ufer liegt **Herrenbreitungen**, ehemals Burgbreitungen, das ebenfalls durch eine Klostergründung zu seinem Namen kam. Auf den Resten einer Burg entstand hier im 11. Jahrhundert ein Benediktinerkloster, dessen Kirche 1112 von Benediktinermönchen geweiht wurde. Die dreischiffige Basilika aus der Zeit der Hirsauer Reformbewegung besteht noch bis auf das Ostwerk. Sie zählt zu den kulturhistorisch bedeutsamsten Bauten des Werratals. Andere Beispiele dieses Stils sind in Paulinzella und auf dem Petersberg in Erfurt zu finden. Nach der Aufhebung des Klosters 1552 ließen die Henneberger Grafen auf den Bauresten ein Renaissance-Schloss errichten. Seit 2007 ist es in Privatbesitz und wird liebevoll saniert. Es gibt bereits gemütlich und komfortabel eingerichtete Gästezimmer, ein Café und das „Aktivmuseum". Hier wird der Betrachter zum Akteur und kann backen, kochen sowie alte Handarbeitstechniken ausprobieren. wurde das Konventsgebäude in ein hennebergisches Renaissanceschloss umgewandelt, das noch steht. Im Turm der Basilika gibt es eine Ausstellung. Im Sommer erfreuen sich Konzerte im Kirchenschiff, mit seiner guten Akustik, außerordentlicher Beliebtheit. Ortsprägend sind

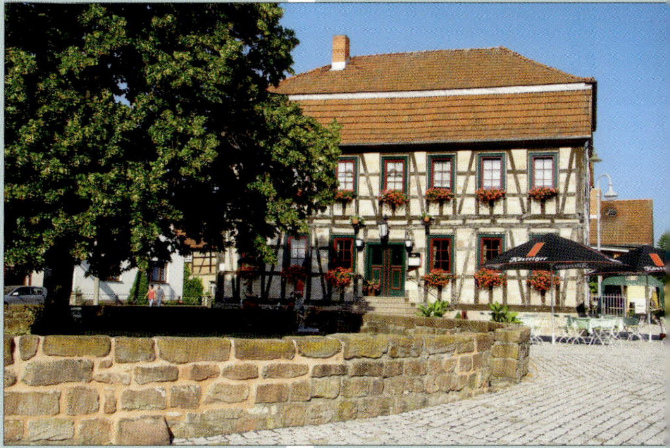

Lädt zu einem Päuschen ein – Gasthaus „Zur Linde" in Breitungen

98597 Breitungen

ⓘ **Gästeinformation**

Tel.: 036848 / 88221

Aktivmuseum Ländliches Brauchtum

Tel.: 036848 / 81917

36456 Barchfeld/ Immelborn
ⓘ **Verwaltungs-gemeinschaft**
Tel.: 036961 / 4750

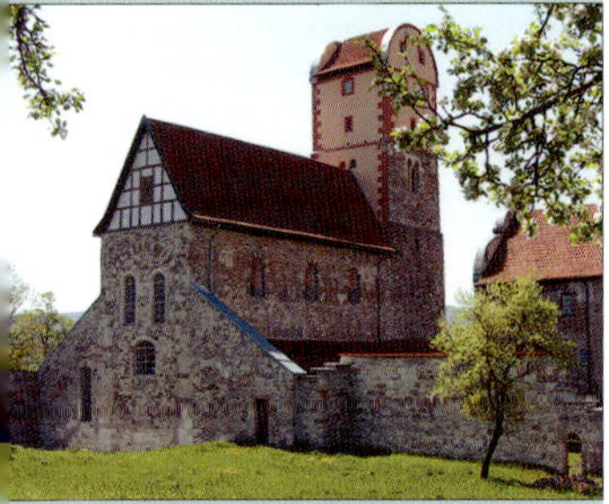

Die Basilika in Breitungen

außerdem die großen Wasserflächen des **NSG „Breitunger Seen"** und der Kiesseen. Sie sind ein Paradies für Naturfreunde und Ornithologen. In den letzten Jahren entstand ein moderner, 6,5 ha großer **Camping- und Caravanplatz**. Mit seinem sandreichen Badestrand, einer großen Liegewiese mit Kinderspielplatz und anderen Freizeitangeboten sowie modernen Sanitäreinrichtungen bietet die Anlage den Gästen ideale Bedingungen. Für Radfahrer stehen Fahrradgaragen zur Verfügung. Sehenswert sind weiterhin das **Rußwurmsche Herrenhaus** der historische Marktplatz mit Dorfbrunnen, Zehntlinde, zahlreichen Fachwerkbauten und der Marienkirche mit einem mittelalterlichen Schnitzaltar in Frauenbreitungen, die über 250 Jahre alte **Wassermühle** sowie die **Michaelskirche** mit ihrem romanischen Turm in Herrenbreitungen und die kleine **Fachwerkkapelle** in Altenbreitungen.

An der ersten T-Kreuzung im Ort nach links auf die Rathausstraße, der wir bis kurz vor die Werrabrücke folgen. Nach links in die Salzunger Straße und den Schildern folgen, immer parallel zur Bahnlinie bis nach **Immelborn**. Über die Breitunger Straße, die in die Karl-Marx-Straße übergeht, gelangen wir in den Ort. Rechts in den Mühlgraben einschwenken, vor den Bahnschienen nach links bis zum Bahnübergang. Wir queren die Gleise und radeln auf das 1 km entfernte **Barchfeld** zu. In der Werraaue zwischen Breitungen und Immelborn wird die Landschaft durch ein großes Seengebiet geprägt. Die beiderseits des Werratal-Radweges gelegenen Seen laden zum Badevergnügen ein. Am **Strandbad Immelborn** können Campingfreunde ihre Zelte aufschlagen.

In Barchfeld gesellt sich der **Tannhäuser-Radweg** zu uns. Er verbindet die Mittellandroute D4/Thüringer Städtekette mit dem Werratal-Radweg. Die recht anspruchsvolle Strecke kreuzt den Rennsteig-Radweg. Namensgeber war Ritter Tannhäuser, welcher der Sage nach bei Frau Venus in den Hörselbergen zu Gast war. Richard Wagner hat die Sage als Vorlage für seine gleichnamige Oper verarbeitet. Wer sich auf die Spuren Wagners und Tannhäusers begeben möchte, hat an dieser Stelle die Möglichkeit, eine Runde hoch zum Rennsteig und dann Richtung Eisenach/Wartburg zu drehen. Oder man fährt direkt nach Wutha-Farnroda, schaut sich die Hörselberge an und fährt auf der Städtekette nach Eisenach.

Am Kreisverkehr nach links in den Schlossweg und der Beschilderung folgen. An der nächsten T-Kreuzung nach links, und auf den straßenbegleitenden Radweg der Nürnberger Straße. Kurz darauf queren wir den kleinen Fischabach, und biegen danach links in die Friedhofsstraße. Im Ortsteil **Kloster Allendorf** der Kur- und Kreisstadt Bad Salzungen nach links in die Eisenacher Straße und gleich darauf rechts in die Straße Unter den Bergen abbiegen. Auf einem erst geschotterten, dann asphaltierten Radweg geht es am Waldrand auf der Straße an **Bad Salzungen** vorbei.

Für einen Exkurs in die Kurstadt zweigt der Weg nach der Waldstrecke von der Straße Am Mühlberg nach links ab. Die Innenstadtroute ist ausgeschildert.

Schon der Name der Stadt **Bad Salzungen** weist auf die Salzvorkommen im Werratal hin, denen sie ihre frühe Bedeutung verdankt. Bereits im Jahre 775 wurden Salzstätten und Siedepfannen erstmalig erwähnt. Sie verhalfen Salzungen im 13. Jahrhundert zur Erlangung des Stadtrechts. Um die erste Solquelle scharten sich 12 Siedehäuser, deren Inhaber in der Zunft der Pfänner vereint waren. Im 14. Jahrhundert nahm die Salzgewinnung in ganz Deutschland einen starken Aufschwung. Salz wurde nicht nur die am meisten gebrauchte Würze für Speisen, sondern war auch das einzige Konservierungsmittel. Um 1500 lag der Jahresertrag bereits bei 1150 Dezitonnen Kochsalz. Um den zeitaufwändigen Prozess des Siedens zu verkürzen, entstanden ab 1590 Gradierhäuser, an denen die Sole an strohbehangenen Wänden hochgradiger gemacht wurde. Ab Anfang des 19. Jahrhunderts wurde

36433 Bad Salzungen

ⓘ Kurverwaltung

Tel.: 03695 / 6934-0

Museum am Gradierwerk

Tel.: 03695 / 693471

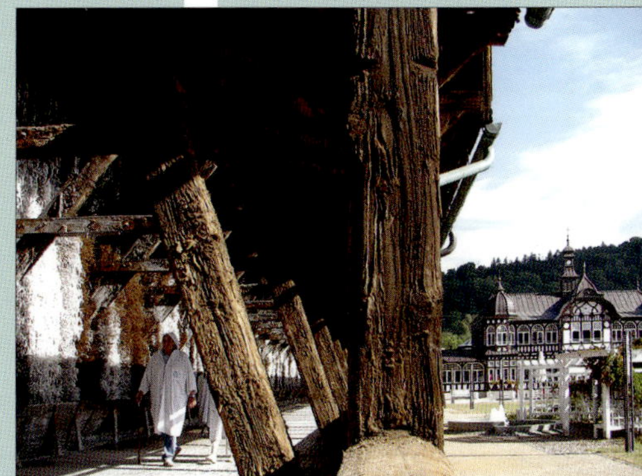

Das Gradierwerk in Bad Salzungen

36433
Bad Salzungen
ⓘ **Solewelt Bad Salzungen**
Tel.: 03695 / 6934-0

Angebot:
Werratal-Touristik
→ Seite 108

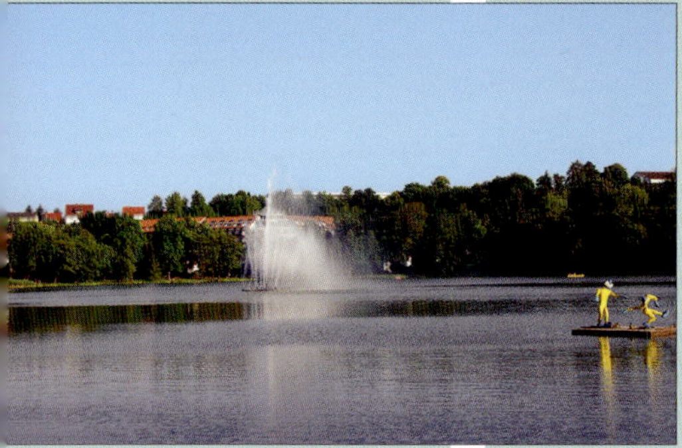

Bad Salzungens Burgsee ist beliebt bei Alt und Jung.

die Sole auch für Kurzwecke verwendet, und die Salzgewinnung trat immer mehr in den Hintergrund. Die Heilkraft der Sole für Haut- und Atemwegserkrankungen gewann mehr und mehr an Bedeutung. 1821 entstand das erste Badehaus und 1858 erhielt die Stadt Bahnanschluss. Die ersten Kurgäste kamen, um die heilende Wirkung der 27 prozentigen Sole zu nutzen. Es entstand die beeindruckende Bäderarchitektur der im Fachwerkstil angelegten **Gradierhäuser** und **Wandelgänge**. Bad Salzungen zählt damit zu den ältesten deutschen Sole-Heilbädern. 1994 wurde das gesamte Gradierwerk nach umfangreicher mehrjähriger Rekonstruktion wieder eröffnet. Besonders bemerkenswert ist der im hennebergisch-fränkischen Stil errichtete Mittelbau. An ihn schließen sich drei Rundbauten an, in denen sich die **Solewelt** befindet. Es bietet eine Therapieabteilung mit Fitnessbereich, eine ausgedehnte Saunalandschaft mit Wellnessangeboten und den „Salztopf", dessen 15 prozentige Sole für einen ähnlichen Auftrieb wie im Toten Meer sorgt. Gleich neben dem Gradierwerk befinden sich die Tourist-Information und das Museum. Bemerkenswerte Fachwerkhäuser, alte Salz- und Pfännerhäuser und Teile der ehemaligen Stadtmauer prägen das Bild der Altstadt. Unweit des Zentrums laden der Burgsee mit seiner Uferpromenade und der angrenzende Rathenaupark zur Muße und Entspannung ein. Wer mehr über die Geschichte Salzungens erfahren möchte, ist **Stadt- und Heimatmuseum** bestens aufgehoben. Es ist vom „Türmchen" ins Gradierwerk umgezogen. Bad Salzungen ist die Kreisstadt des Wartburgkreises.

Ab Puschkinpark begleitet uns der **Rhön-Radweg** bis Philippsthal. Er führt auf 180 Kilometern Länge durch die Rhön. Von Philippsthal aus geht es nach Wenigentaft, Buttlar, Geisa, Tann, Hilders, Bad Neustadt und Bad Kissingen.

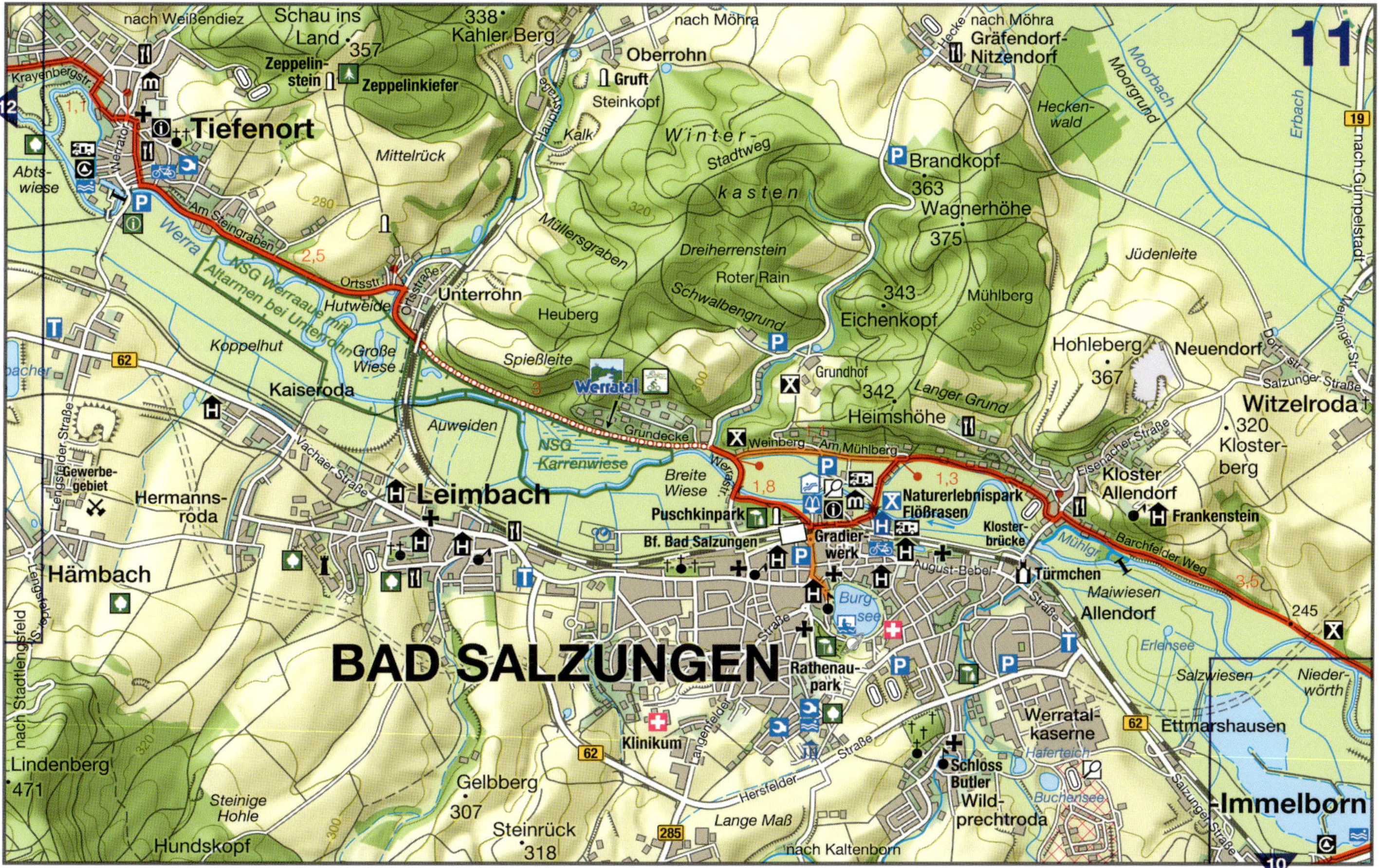
11
12
10
nach Weißendiez
Schau ins Land
357
338
Kahler Berg
nach Möhra
Oberrohn
nach Möhra
Gräfendorf-Nitzendorf
Zeppelinstein
Zeppelinkiefer
Gruft
Steinkopf
Krayenbergstr.
Tiefenort
Mittelrück
Kalk
Winter-kasten
Stadtweg
Moorbach
Moorgrund
Hecken-wald
Erbach
19
nach Gumpelstadt
Abts-wiese
Werra
Brandkopf
363
Wagnerhöhe
375
Am Steingraben
280
320
Müllersgraben
Dreiherrenstein
Roter Rain
Jüdenleite
NSG Werraaue mit Altarmen bei Unterrohn
2,5
Ortsstr.
Unterrohn
Hutweide
Schwalbengrund
343
Eichenkopf
Mühlberg
Heuberg
Meininger Str.
Koppelhut
62
Große Wiese
Spießleite
Grundhof
Hohleberg
367
Neuendorf
Werratal
342
Heimshöhe
Langer Grund
Salzunger Straße
Witzelroda
Kaiseroda
Auweiden
Grundecke
Weinberg
Am Mühlberg
320
Klosterberg
Lengsfelder Straße
Gewerbegebiet
Vachaer Straße
NSG Karrenwiese
Breite Wiese
Werrastr.
1,8
1,3
Eisenacher Straße
Kloster Allendorf
Frankenstein
Hermanns-roda
Leimbach
Puschkinpark
Naturerlebnispark Flößrasen
Bf. Bad Salzungen
Gradierwerk
Klosterbrücke
Mühlgr.
Barchfelder Weg
Hämbach
August-Bebel-Straße
Türmchen
Maiwiesen
Allendorf
3,5
245
Burgsee
Erlensee
BAD SALZUNGEN
Rathenaupark
Salzwiesen
Niederwörth
nach Stadtlengsfeld
Ettmarshausen
Klinikum
Langenfelder Straße
Werratal-kaserne
Haferteich
Lindenberg
471
62
Schloss Butler
Wildprechtroda
Buchensee
Gelbberg
307
Hersfelder Straße
Steinige Hohle
Lange Maß
Steinrück
318
Hundskopf
285
nach Kaltenborn
Salzunger Straße
Immelborn

36469 Tiefenort
ⓘ **Gemeindeverwaltung**
Tel.: 03695 / 82760

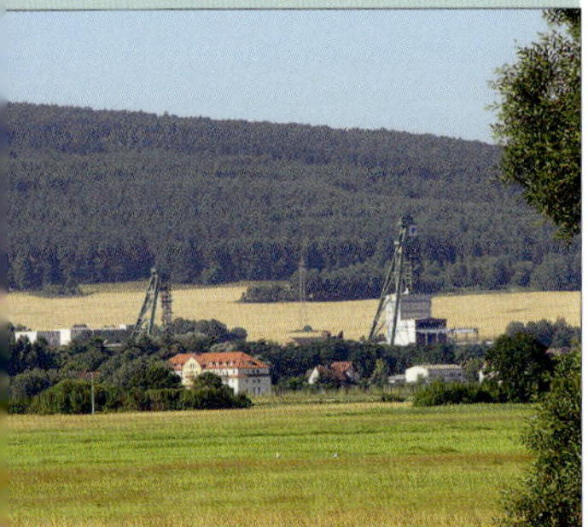

Allmählich radeln wir ins Gebiet des Salzabbaues.

4. Etappe

Am Bad Salzunger Weinberg vereinen sich Haupt- und Innenstadtroute wieder. Kurz darauf fahren wir am Abzweig der Straße zum 8 km entfernten **Möhra**, dem Stammort der Familie Martin Luthers, vorbei. Wir setzen unseren Weg über die ruhige Kreisstraße auf seitenbegleitenden Radwegstreifen über **Unterrohn** nach **Tiefenort** fort. Vor der Werrabrücke von Tiefenort zweigt unser Weg nach rechts in die Karl-Simon-Straße. Vor der St. Peterskirche nach links abbiegen in die Pfarrgasse, dort sofort nach rechts und dann wieder links. Wir queren die Hauptstraße in die Mühlgasse und gelangen wieder ans Ufer der Werra, um gleich darauf nach rechts anzubiegen. An der Krayenbergstraße wenden wir uns nach links. Dann haben wir die Wahl: Es gibt eine ufernahe Route mit schlechter Oberfläche zur Werrabrücke zwischen Merkers und Kieselbach, und es gibt den offiziellen Radweg, der steil über den **Krayenberg** führt. Der Krayenberg hat übrigens einem Gemeindezusammenschluss seinen Namen gegeben: Frauensee, Vacha, Stadtlengsfeld, Tiefenort, Leimbach und Dorndorf sind jetzt die Krayenberggemeinde. Nach einem Anstieg von etwa 2 km gelangt man an eine Weggabelung: nach links steigt der Weg weiter bis zur Burg an, nach rechts führt der Werratal-Radweg auf einem Waldweg bergab nach **Kieselbach**. Im Ort geht es auf der Lindenstraße immer geradeaus, bis zu einem Abzweig nach Merkers links. Gleich darauf wieder links in die Ernst-Thälmann-Straße.
In Merkers queren wir die B 62, und biegen an der nächsten Kreuzung nach rechts in die Schulstraße.

Tipp:
Wer sich das **Erlebnis Bergwerk Merkers** nicht entgehen lassen möchte, folgt der B 62 nach links, über die Bahnschienen und radelt bei der nächsten Abzweigung nach rechts in die Zufahrtsstraße.

Vor mehr als 100 Jahren wurde im **Merkers**er Schacht die Förderung von Kalisalzen aufgenommen. Die Einwohnerschaft wuchs rasant, und die 1925 gegründete Kalifabrik wurde zur größten ihrer Art weltweit. 1945 kam das Bergwerk in die Schlagzeilen: Reichsbankgold und eingelagerte Kunstwerke wurden von US-amerikanischen Truppen entdeckt, ausgeräumt und nach Amerika geschafft. Später wurde ein großer Teil des Schatzes zurückge-

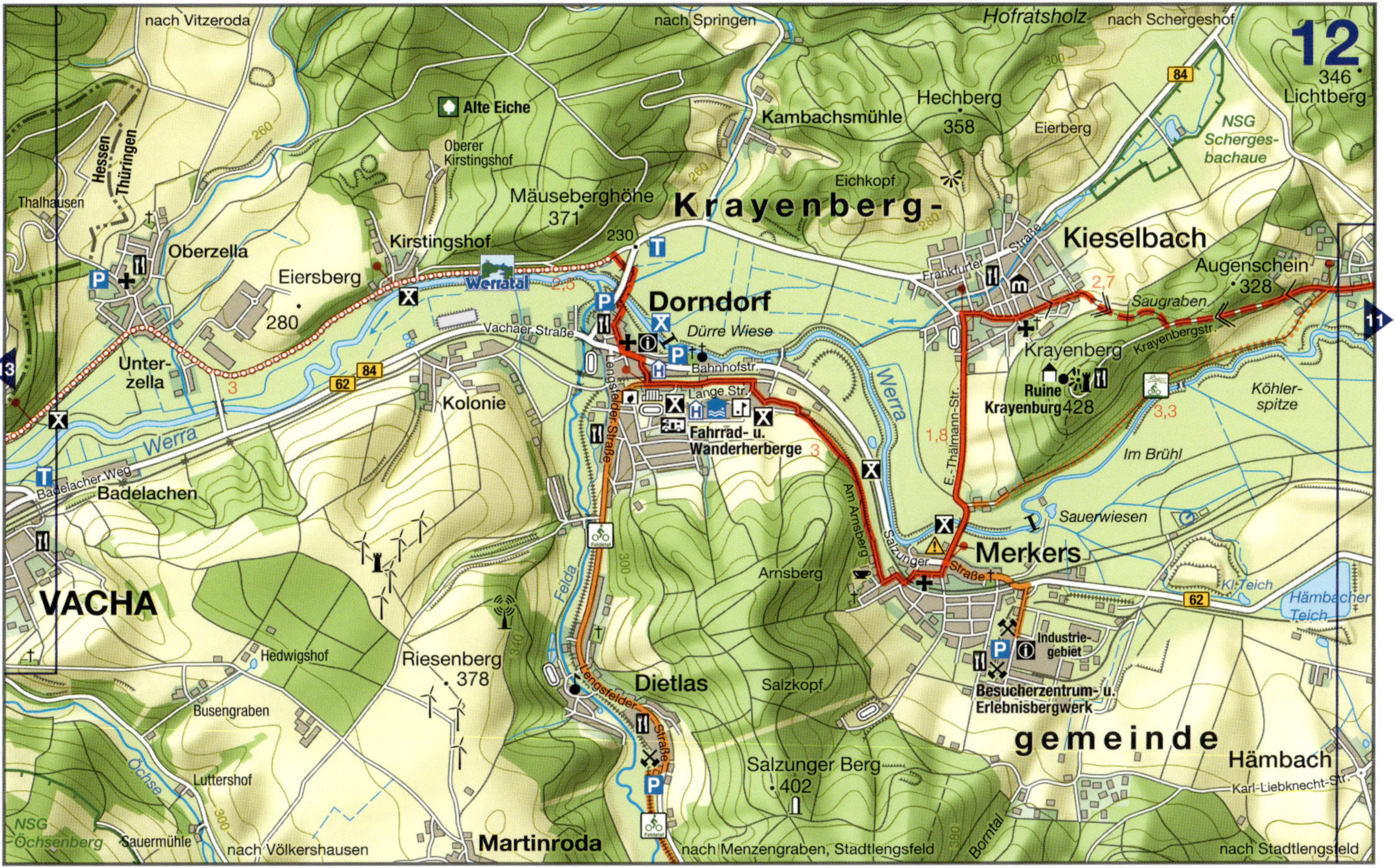
12
nach Vitzeroda
nach Springen
Hofratsholz
nach Schergeshof
346
Lichtberg
84
NSG
Scherges-
bachaue
Alte Eiche
Oberer
Kirstingshof
Kambachsmühle
Hechberg
358
Eierberg
Eichkopf
Hessen
Thüringen
Thalhausen
Mäuseberghöhe
371
Krayenberg-
Kieselbach
Oberzella
Kirstingshof
230
Eiersberg
280
Werratal
Frankfurter
Straße
Augenschein
328
Saugraben
Dorndorf
Dürre Wiese
Vachaer Straße
Unter-
zella
Bahnhofstr.
Krayenberg
Krayenbergstr.
62
84
Lange Str.
Ruine
Krayenburg
428
Köhler-
spitze
Kolonie
Fahrrad- u.
Wanderherberge
Werra
E.-Thälmann-Str.
Lengsfelder Straße
Werra
Im Brühl
Badelacher Weg
Badelachen
Am Arnsberg
Sauerwiesen
Salzunger Straße
Merkers
Arnsberg
Felda
Kl. Teich
VACHA
Hämbacher
Teich
Industrie-
gebiet
Hedwigshof
Riesenberg
378
Dietlas
Salzkopf
Besucherzentrum- u.
Erlebnisbergwerk
Busengraben
Lengsfelder Straße
gemeinde
Hämbach
Salzunger Berg
402
Karl-Liebknecht-Str.
Öchse
Luttershof
NSG
Öchsenberg
Sauermühle
nach Völkershausen
Martinroda
nach Menzengraben, Stadtlengsfeld
Borntal
nach Stadtlengsfeld
13
11

36460 Merkers
ⓘ **Gemeindeverwaltung Krayenberggemeinde**
Tel.: 036963 / 237-0

Erlebnis Bergwerk
Tel.: 03695 / 614101

geben. Das Bergwerk mit Teufen bis 800 m und einem Streckennetz von 4.460 km wurde 1993 geschlossen. An die Blütezeit des Bergbaus erinnert heute das **Erlebnis Bergwerk**, mit einer ca. 20 km langen Rundfahrt unter Tage. Höhepunkte sind die 1980 entdeckte Kristallgrotte, mit Salzkristallen bis zu einem Meter Kantenlänge, der historische „Goldraum", der Lagerraum der Goldreserven und eine Ausstellung über die Geschichte des Salzbergwerkes. Hier, in 500 m Tiefe, befindet sich in einem ehemaligen Bergebunker zudem ein Konzertsaal von außergewöhnlicher Akustik.

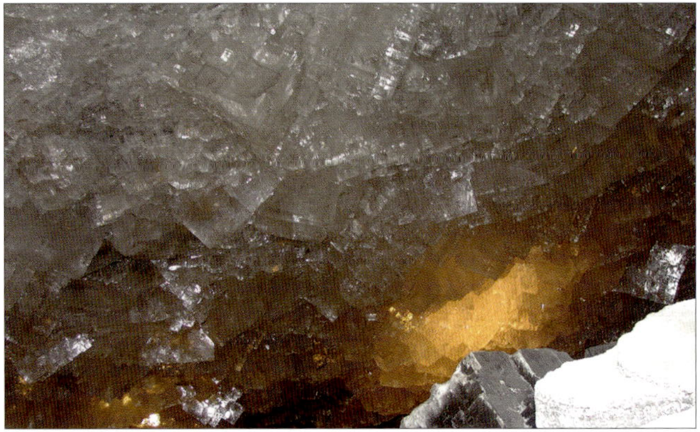

Erlebnisbergwerk Merkers – Kristalle in der Kristallgrotte

Tipp:
Wer das Erlebnis Bergwerk besuchen will, sollte sich vorher unbedingt unter Tel. 03695 / 614101 anmelden, da die Kapazitäten für die Besichtigung begrenzt sind. Kinder können erst nach Vollendung des 10. Lebensjahres an der Grubenfahrt teilnehmen. Wer einmal unter Tage an einer Mountainbiketour teilnehmen möchte, erkundigt sich auf www.erlebnisbergwerk.de.

Am Ende der Schulstraße nach links hinauf, über die Bahnschienen und gleich rechts in den Weg Am Arnsberg. Auf ebener Strecke gelangen wir nach **Dorndorf**. Der Radweg führt an einer Fahrrad- und Wanderherberge vorbei hinab in den Ort. An der Vorfahrtstraße nach links und über die Bahnbrücke bis zur B 62.

Zu uns gesellt sich der **Feldatalradweg**. Er führt zum Teil entlang der alten Bahntrasse der Feldatalbahn und verbindet den Werratal-Radweg mit dem Rhön-Rennsteig-Radweg über Stadtlengsfeld, Weilar, Empfertshausen und Kaltennordheim.

Nach links, der Bahnhofsstraße folgen. An der Kirche nach rechts in die Alte Bahnhofsstraße abbiegen und wieder rechts in die Eisenacher Straße. Kurz nach Überqueren der Werra verlassen wir die Brücke nach rechts und unterqueren diese, um Richtung Philippsthal rechtsseitig der Werra zu radeln.

Der erste Ort in Hessen ist durch die alte Werrabrücke mit dem schönen Fachwerkstädtchen **Vacha**, dem Tor zur Rhön verbunden.

Vachas Stadtwerdung ist eng mit seiner günstigen Lage an der Via Regia, der alten europäischen Fernhandelsstraße, verbunden. 1186 wurde Vacha erstmalig als fuldische Stadt (d. h. im Besitztum der Abtei Fulda) mit Brücke erwähnt. Die um 1250 als Brückenkopf errichtete und noch erhaltene **Stadtburg Wendelstein** hatte die Aufgabe, die Werrabrücke und das Stadttor zu schützen. In ihr befindet sich heute ein **Heimatmuseum** mit einer der größten Puppensammlungen Thüringens. Am geschlossenen Fachwerkensemble des Marktes fällt besonders das **Haus Widemark** (seit 1911 Rathaus), ein dreigeschossiger Fachwerkbau mit Eck- und Seitenerkern und eine Kopie des St.-Veits-Brunnens von 1613 auf. Vachas Entwicklung wurde durch die Errichtung der deutsch-deutschen Grenze 1961 jäh unterbrochen Stacheldraht und Wachtürme direkt vor Augen machten die Teilung tagtäglich schmerzhaft bewusst. Erst die Grenzöffnung 1989 ließ das „Tor zur Rhön" wieder aufleben.
Die alte Werrabrücke wurde in „Brücke der Einheit" umbenannt. Im benachbarten osthessischen Philippsthal zeigt das **Grenzmuseum** ein Sandkastenmodell des Grenzverlaufes. Es wurde schon 1967 eröff-

36404 Vacha
ⓘ **Verkehrsamt**
Tel.: 036962 / 2610

Burg Wendelstein
Tel.: 036962 / 22839

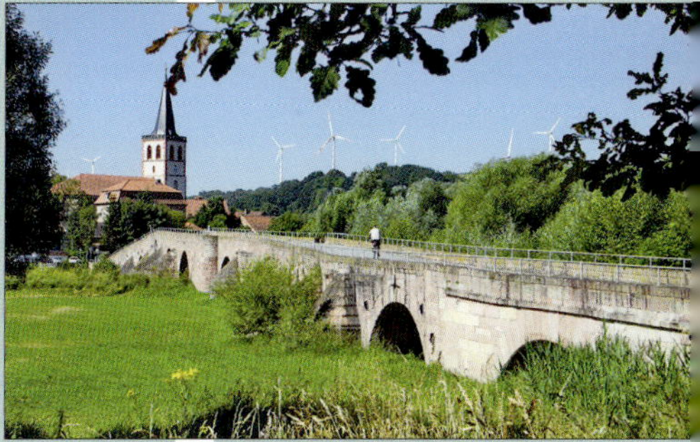

Vacha – Stadtkirche und Werrabrücke

Von Bad Salzungen nach Gerstungen (47 km)

36269 Philippsthal
ⓘ **Fremdenverkehrsamt**
Tel.: 06620 / 92100

36266 Heringen
ⓘ **Touristinformation**
Tel.: 06624 / 919413

Angebot: Hotel Rhönblick
→ Seite 107

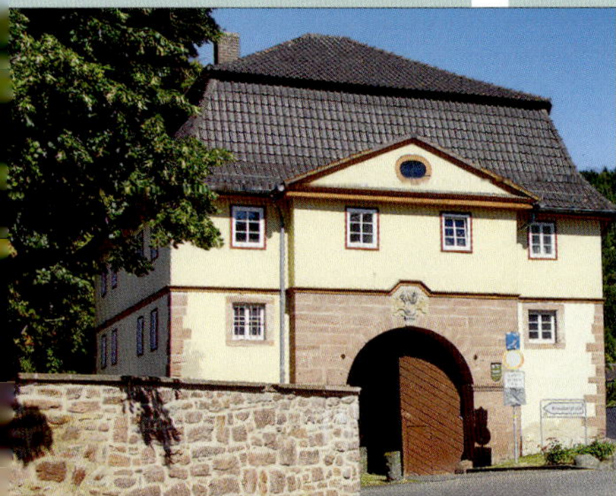

Torbogenhaus in Philippsthal

net und befindet sich seit 1996 im **Torbogenhaus** des **Philippsthaler Schlosses**. Inzwischen wurde es um die Geschichte der Grenzöffnung ergänzt. **Philippsthal** wurde unter dem Namen Kreuzberg 1191 das erste Mal erwähnt. Der Name entstammte dem um diese Zeit gegründeten Benediktinerinnenkloster, welches nach dem hier lebenden Rittergeschlecht der von Cruceburg benannt wurde. Die dreischiffige Klosterkirche aus dem 12. Jahrhundert ist noch erhalten. An Stelle des im Bauernkrieg 1525 zerstörten Klosters ließ sich Landgraf Philipp von Hessen-Philippsthal 1685 ein Schloss bauen, welches er Philippsthal benannte. Ab Ende des 18. Jahrhunderts setzte sich dieser Name als Ortsname durch. Mit Beginn des Kalibergbaus 1905 entwickelte sich Philippsthal vom Handwerker- und Weberdorf zur Bergbaugemeinde.

Der Radweg führt uns in **Philippsthal** geradewegs bis zum Torbogenhaus (heute Grenzmuseum). Wir werden über den romantischen Schlosshof geleitet und biegen danach links in die gepflasterte Mühlstraße ein. Im Südflügel des Schlosses befindet sich heute das Rathaus. Im Westflügel dient die ehemalige landgräfliche Bibliothek, mit ihren sehenswerten Stuckdecken, noch immer der Leselust – als Gemeindebibliothek. Am unteren Ende der Mühlstraße geht es nach rechts in die Parkstraße. Sie endet an der **Brückenstraße**.
Von der Parkstraße kommend biegen wir nach rechts und gleich wieder nach links in die Straße Am Bad, so dass wir rechts das Schwimmbad passieren. Nach den letzten Häusern geht die Straße in einen Waldweg mit guter Oberfläche über, der beschaulich entlang der Werra verläuft. Der Weg mündet auf freiem Feld wieder auf den Werratal-Radweg.

Nun verbleiben wir bis Heringen auf dem linksseitigen Radweg der Werrastraße L 3172. In **Lengers** wechselt der Radweg nach rechts. Jetzt kommen wir der schon von weitem gesichteten Steinsalzhalde **„Monte Kali“** immer näher, dem Wahrzeichen **Heringens**. Im Ort radeln wir den Hang hinauf, auf dessen Kuppe sich das **Werra-Kalibergbau-Museum** befindet. 100 Jahre Kalibergbau im Werrarevier werden durch originale Maschinen,

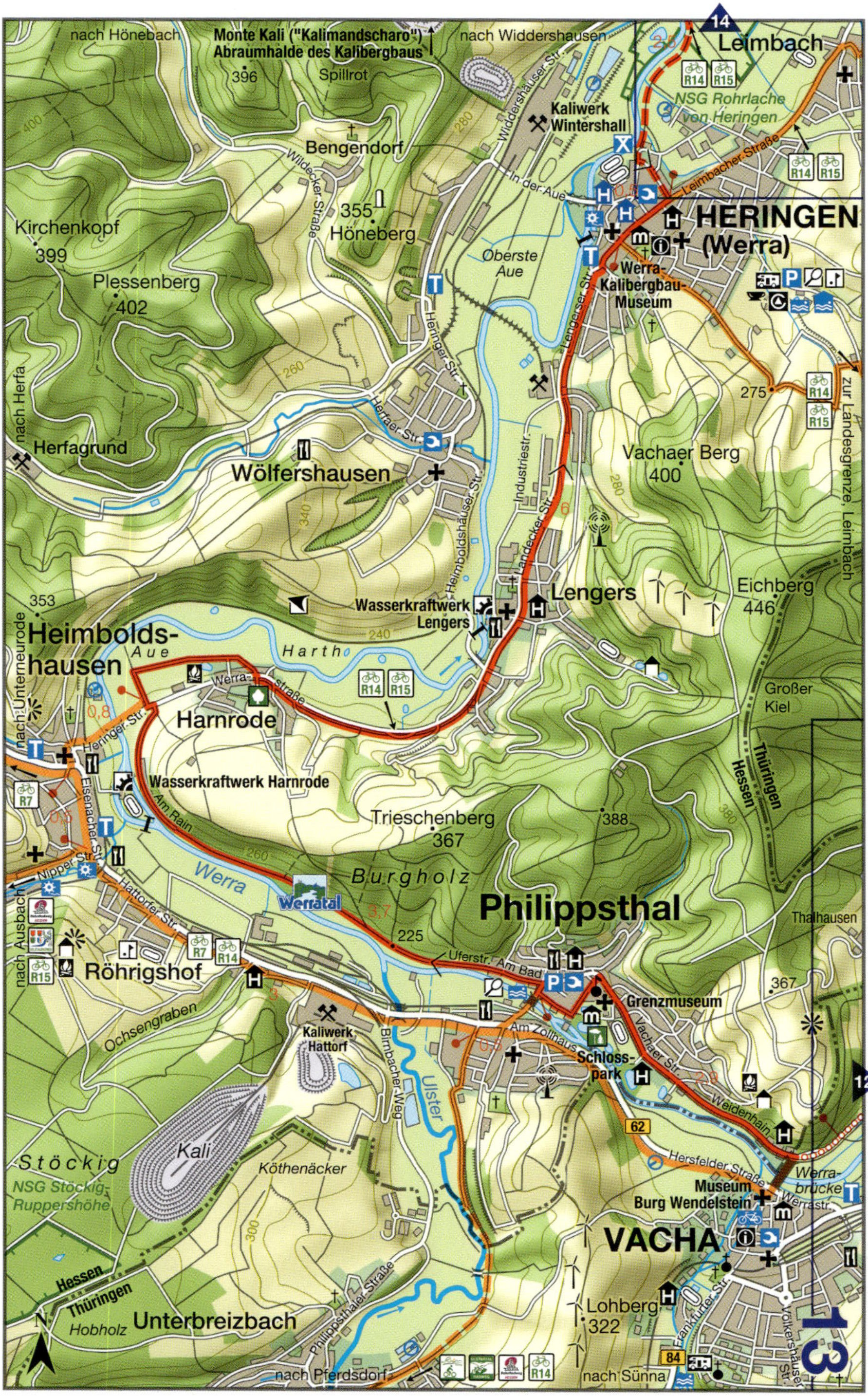

13
14
12
HERINGEN (Werra)
Leimbach
NSG Rohrlache von Heringen
Leimbacher Straße
Kaliwerk Wintershall
Werra-Kalibergbau-Museum
In der Aue
Oberste Aue
Lengerser Str.
Widdershäuser Str.
nach Widdershausen
Monte Kali ("Kalimandscharo") Abraumhalde des Kalibergbaus
nach Hönebach
396
Spillrot
Bengendorf
Wildecker Straße
355 Höneberg
Kirchenkopf 399
Plessenberg 402
nach Herfa
Herfagrund
Heringer Str.
Herfaer Str.
Wölfershausen
Heimboldshäuser Str.
Industriestr.
Landecker Str.
Lengers
Wasserkraftwerk Lengers
zur Landesgrenze, Leimbach
275
Vachaer Berg 400
Eichberg 446
Großer Kiel
Thüringen
Hessen
353
Heimboldshausen
Aue
Harth
Werrastraße
Harnrode
nach Unterneurode
Wasserkraftwerk Harnrode
Am Rain
Eisenacher Str.
Nipper Str.
Hattorfer Str.
nach Ausbach
Röhrigshof
Trieschenberg 367
388
Burgholz
Werra
Werratal
225
Philippsthal
Uferstr.
Am Bad
Grenzmuseum
Am Zollhaus
Schlosspark
Vachaer Str.
Weidenhain
Thalhausen
367
Ochsengraben
Kaliwerk Hattorf
Birnbacher Weg
Ulster
Kali
Stöckig
NSG Stöckig-Ruppershöhe
Köthenäcker
Hersfelder Straße
Werrabrücke
Museum Burg Wendelstein
Werrastr.
VACHA
Frankfurter Str.
Völkershäuser Str.
Lohberg 322
nach Sünna
Philippsthaler Straße
nach Pferdsdorf
Hessen
Thüringen
Hobholz
Unterbreizbach
R14
R15
R7
62
84

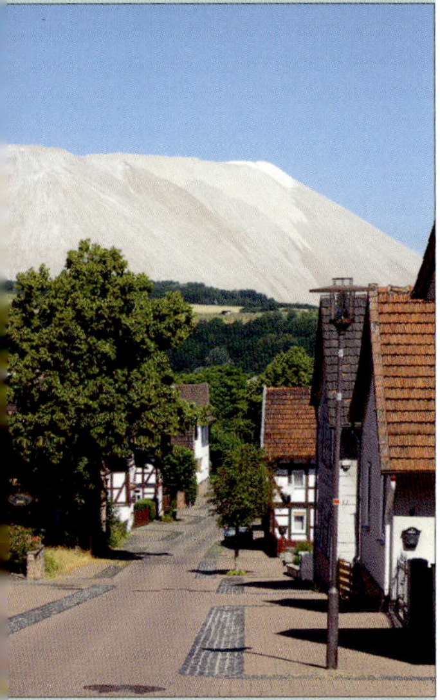

In Heringen heißt der Salzabraum „Monte Kali“.

Modelle, Fotos, Filme und Computeranimationen dokumentiert. Wer den Monte Kali besteigen möchte, sollte sich im Museum über die Besuchszeiten informieren.

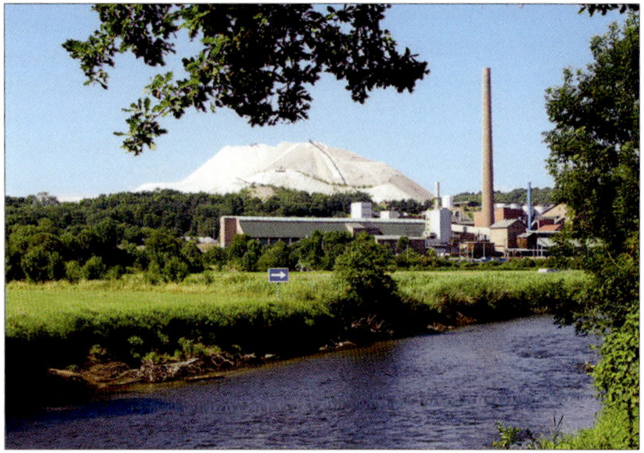

Die Kegel des Salzabraums prägen einen ganzen Landstrich.

Kalidünger und Weiße Berge
Das Werra-Kalibergbaurevier ist mit ca. 1.000 Quadratkilometern eine der größten zusammenhängenden Lagerstätten in Deutschland. Kalisalze stammen aus Ablagerungen von Meeresteilen, die vor Jahrmillionen durch Bodenhebungen vom Meer abgeschnitten wurden und eingedunstet sind. Der deutsche Chemiker Justus von Liebig erkannte im 19. Jahrhundert die für Pflanzen wachstumsfördende Wirkung von Mineraldünger. Aufgrund der weltweit angespannten Nahrungsmittelsituation wächst die Düngernachfrage heute mehr denn je. Beim Abbau der Düngesalze muss zwangsläufig Steinsalz mitgefördert werden, welches auf gewaltigen Halden landet.

Der Weg führt auf der Hauptstraße geradeaus weiter. Etwa 400 m später biegt man nach links unten in die Fuldische Aue weiter bis ans Werraufer. Die Wegweiser führen uns auf einen geschotterten Weg entlang der Werra über **Widdershausen** bis nach **Dankmarshausen**. Dort wird zur anderen Flussseite gewechselt. An der abbiegenden Hauptstraße fahren wir nach links in die Obersuhler Straße und gleich wieder rechts in die Berkaer Straße. Dieser schönen Baumallee folgen wir bis zum Ende. Kurz vor der T-Kreuzung fährt man nach links und vor der Bahnschranke nach rechts

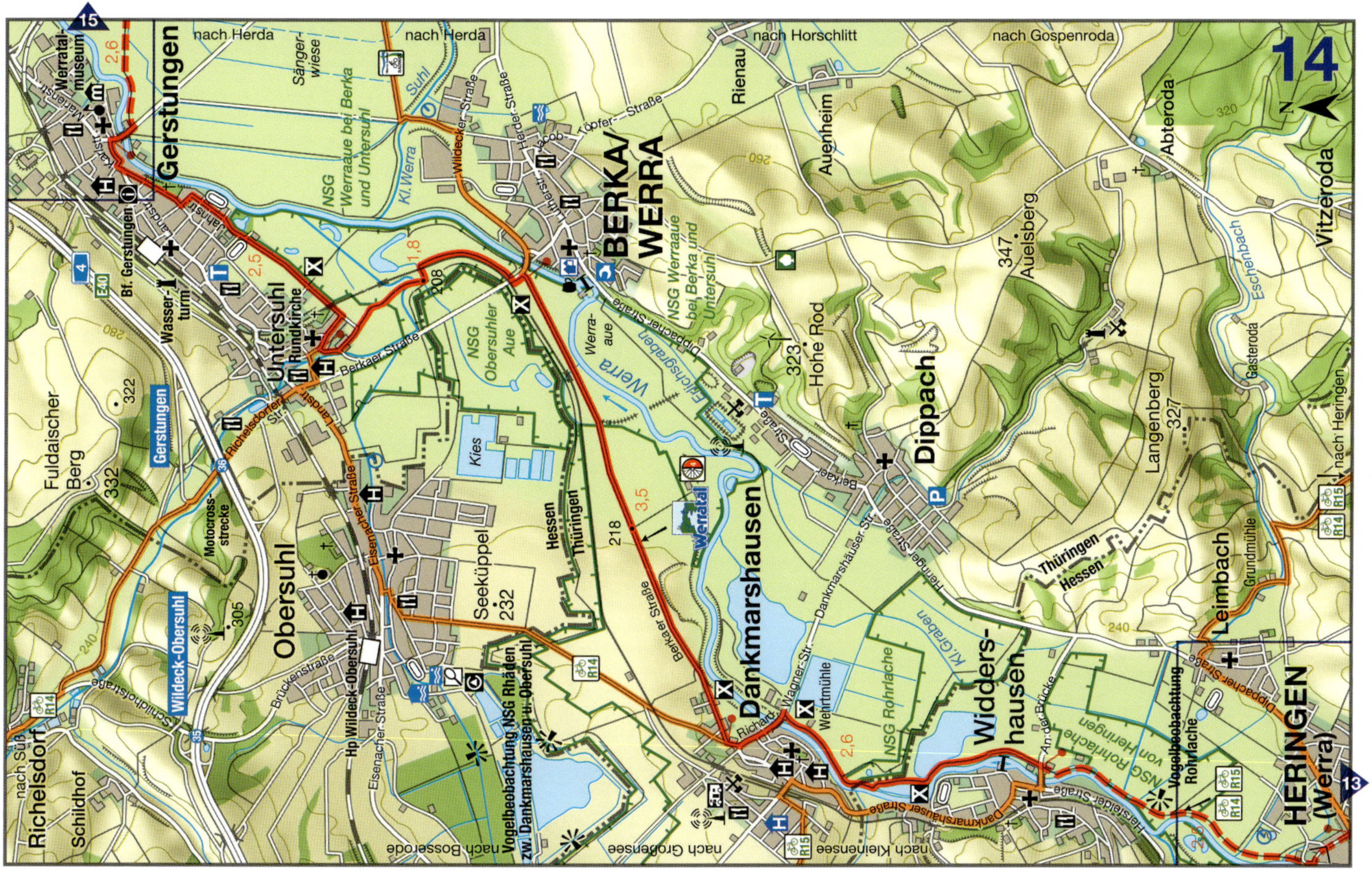

14
15
13
nach Herda
nach Herda
nach Horschlitt
nach Gospenroda
Gerstungen
Werratal-museum
Sänger-wiese
NSG Werraaue bei Berka und Untersuhl
Kl. Werra
Suhl
BERKA/WERRA
Rienau
Auenheim
Abteroda
Vitzeroda
Untersuhl
Rundkirche
Bf. Gerstungen
Wasser-turm
Berkaer Straße
NSG Obersuhler Aue
Werra
Werra-aue
Dippacher Straße
Hohe Rod
323
Dippach
347
Auelsberg
Eschenbach
Langenberg
327
Gasteroda
nach Heringen
Fuldaischer Berg
332
322
Gerstungen
Richelsdorfer Str.
Kies
Seeküppel
232
Hessen
Thüringen
218
Berkaer Straße
Dankmarshausen
Werratal
Dankmarshäuser Str.
Thüringen
Hessen
Leimbach
Grundmühle
Obersuhl
Motocross-strecke
305
Wildeck-Obersuhl
Brückenstraße
Hp Wildeck-Obersuhl
Eisenacher Straße
Vogelbeobachtung NSG Rhäden zw. Dankmarshausen u. Obersuhl
Wehrmühle
NSG Rohrlache
Kl. Graben
Widders-hausen
HERINGEN (Werra)
Vogelbeobachtung Rohrlache
NSG Rohrlache von Heringen
Dippacher Straße
Richelsdorf
Schildhof
nach Süß
nach Bosserode
nach Großensee
nach Kleinensee
Dankmarshäuser Straße
Herfelder Straße
R14
R15
2,6
2,5
1,8
208
3,5
2,6
240
280
260
320

99837 Berka/Werra
ⓘ **Rathaus**
Tel.: 036922 / 330

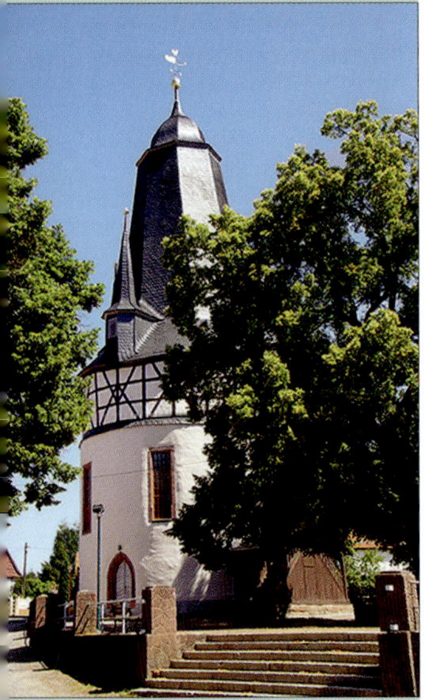

Die Rundkirche in Untersuhl

auf einen asphaltierten Weg nach **Untersuhl**. Wer nach rechts einen Abstecher nach Berka machen möchte, findet ein malerisches Örtchen.

Berka/Werra
Berka tritt 786 in einer urkundlichen Ersterwähnung in die Geschichte ein und erlangte 1847 das Stadtrecht. Einige schöne Häuser wie das Rat- und Weinhaus, das Untertor, oder das Gasthaus zur Post zeugen noch heute vom ehemaligen Glanz des Werrastädtchens.

Neben dem Werratal-Radweg findet man in Berka auch den Einstieg in den **Suhltal-Radweg** in Richtung Marksuhl/Bad Salzungen.

In Untersuhl geht es nach rechts auf eine Straße die an der Rundkirche entlang führt. Diese **Kirche**, die eher einem Burgturm ähnelt, und deren Ursprung noch immer nicht erforscht ist, besitzt auch im Inneren eine Besonderheit: Für die auf den Emporen dargestellten Apostel sollen Untersuhler Bürger Modell gesessen haben.
Der Straße bis zum Ortsausgang folgen, nach links und über die Bahnschienen.

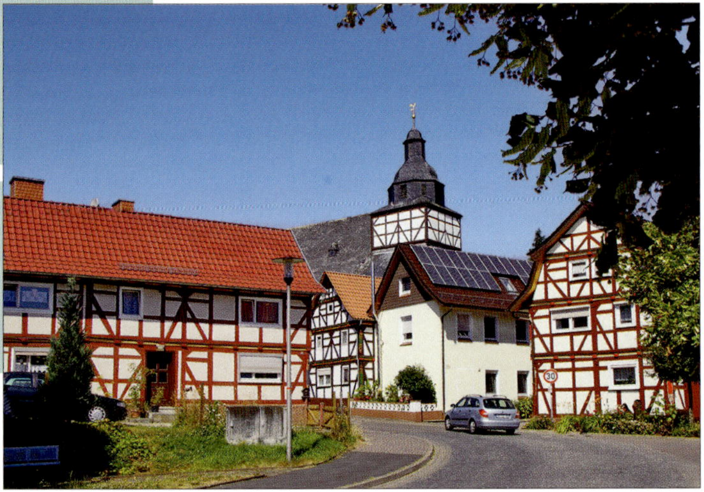

In Widdershausen

5. Etappe

Auf einem asphaltierten Weg gelangen wir geradewegs Am Tümpel, durch die Jahnstraße am Sportfeld und am Friedhof vorbei, in die Ortsmitte von **Gerstungen**. Die Friedhofsstraße mündet in die Karlstraße, die in einem Bogen bis zum Markt verläuft.

In **Gerstungen** zeigt das Wappen auf grünem Grund einen silbernen Storch mit roten Beinen und rotem Schnabel in einem goldenen Nest. Eine Hommage an diesen Frühsommergast findet sich am Markt als Skulptur auf dem **Storchenbrunnen**. Auch in Natura kann man ihn jedes Jahr wieder aufs Neue auf dem Giebel des Gerstunger Schlosses sehen. Unter dem Storchennest, im **Schloss**, befindet sich das **Werratalmuseum**. Neben anschaulichen Ausstellungen zur Geschichte des mittleren Werratals wird auch, dem aus Gerstungen stammenden Geologen und Erbauer des Sankt-Gotthard-Tunnels, Dr. Friedrich Moritz Stapff gedacht. Gerstungen wurde bereits 744 erwähnt und entwickelte sich schon früh zum Burg-, Markt- und Amtsflecken. Mit dem Bau der Eisenbahn 1847–1849 durch das Werratal erhielt Gerstungen einen Rangierbahnhof. Besonders bekannt wurde der Name Gerstungen als Grenzbahnhof während der DDR-Jahre.

Der Radweg führt allerdings am Ortskern vorbei. Kurz nach der Einmündung in die Karlstraße zweigt er nach rechts in die Löbergasse und an der nächsten Kreuzung nach rechts in die Brückenstraße. Gleich nach der Brücke beginnt links ein asphaltierter Radweg. Dieser quert die Werraaue an einem Angelteich und den Pfeilern einer alten Eisenbahnbrücke vorbei. An der T-Kreuzung am Waldrand auf einen gesandeten Weg nach links. Neben uns mäandert die Werra ruhig und beschaulich durch das Naturschutzgebiet Werraaue. Wir erreichen **Sallmannshausen**. Rechts bergan radeln wir in den Ort und umrunden links die er-

99834 Gerstungen

Werratalmuseum
Tel.: 036922 / 31433

ⓘ **Einheitsgemeinde**
Tel.: 036922 / 2450

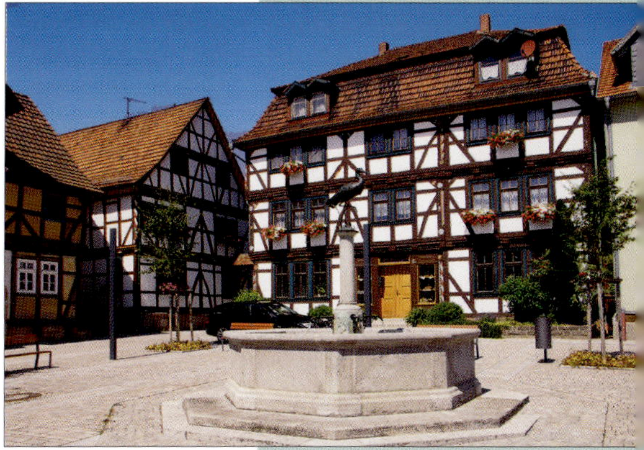

Ein Brunnen für den Storch in Gerstungen

37293 Gerstungen/ Lauchröden
Doppelburg Brandenburg
Tel.: 036927 / 90619

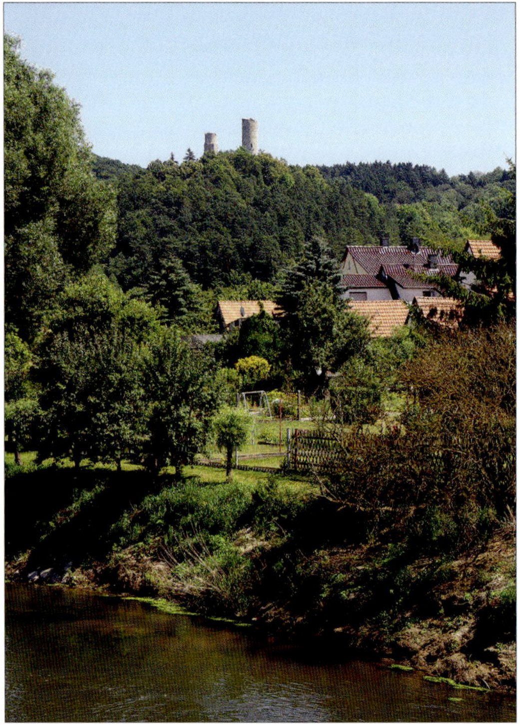

Blick auf die Ruine Brandenburg

höht liegende Kirche. Sie besitzt einen wertvollen spätgotischen Flügelaltar und Malereien an Emporen und Gewölben, die als künstlerisch wertvoll gelten. Wir verlassen das Dorf auf der Kreisstraße. In **Lauchröden** folgen wir dem Straßenverlauf, an der Kirche nach links und kurz darauf nach rechts in die Herleshäuser Straße, die uns über die Werrabrücke und wieder nach Hessen führt.

Man gelangt, auch ohne die Werra zu überqueren, auf einem kürzeren Weg nach Wartha. Zudem bietet sich die Möglichkeit, die Ruinen der Doppelburg **Brandenburg** zu besichtigen. Dazu verbleiben wir auf der allerdings sehr stark befahrenen Eisenacher Straße, die uns aus dem Ort heraus, unterhalb der Burg durch Göringen nach Wartha führt.

Doppelburg Brandenburg
Durch Gräben und einen Felsen voneinander getrennt, erheben sich die östliche und die westliche Ruine der Brandenburg oberhalb der Werra. Während der Ort Lauchröden 1144 erstmals erwähnt wurde, ist über die Burggeschichte wenig bekannt. Allerdings lässt die Lage an der Handelsstraße „Kur-

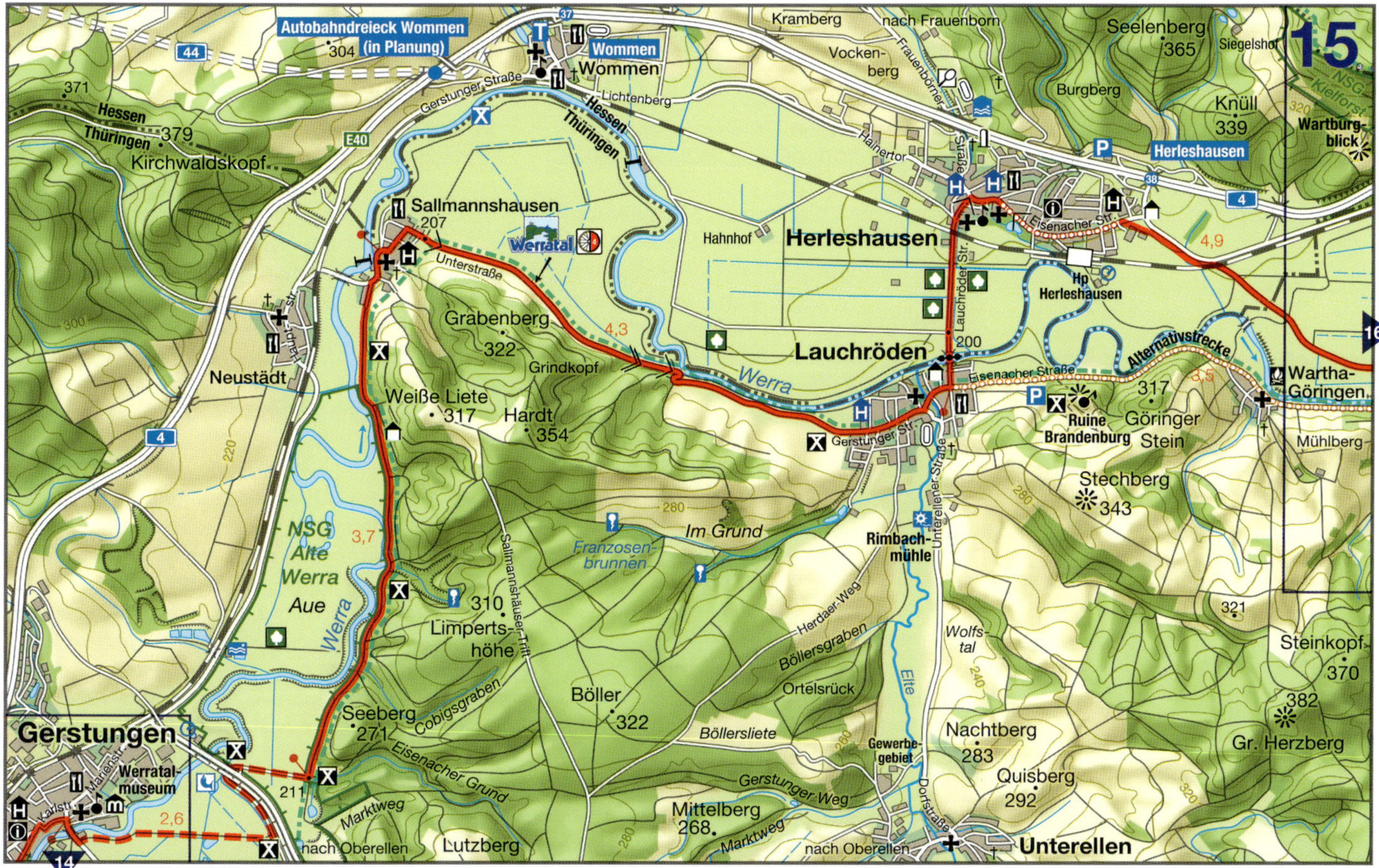
15
Autobahndreieck Wommen
(in Planung)
304
Wommen
Kramberg
nach Frauenborn
Vocken-
berg
Seelenberg
365
Siegelshof
Burgberg
Knüll
339
Wartburg-
blick
Herleshausen
371
Hessen
Thüringen
379
Kirchwaldskopf
Gerstunger Straße
Lichtenberg
Hainertor
Sallmannshausen
207
Werratal
Unterstraße
Hahnhof
Herleshausen
Eisenacher Str.
4,9
Hp
Herleshausen
Neustädt
Grabenberg
322
Grindkopf
4,3
Lauchröden
200
Lauchröder Str.
Eisenacher Straße
Alternativstrecke
3,5
Wartha-
Göringen
Werra
Weiße Liete
317
Hardt
354
Gerstunger Str.
Ruine
Brandenburg
317
Göringer
Stein
Mühlberg
Stechberg
343
NSG
Alte
Werra
Aue
3,7
Im Grund
Franzosen-
brunnen
Rimbach-
mühle
Untereilener Straße
Sallmannshäuser Trift
310
Limperts-
höhe
Herdaer-Weg
Böllersgraben
Wolfs-
tal
Elte
321
Steinkopf
370
Böller
322
Ortelsrück
Seeberg
271
Cobigsgraben
Eisenacher Grund
Böllersliete
Gewerbe-
gebiet
Nachtberg
283
382
Gr. Herzberg
Quisberg
292
Gerstungen
Werratal-
museum
Marienstr.
Karlstr.
2,6
211
Marktweg
Gerstunger Weg
Mittelberg
268
Marktweg
Dorfstraße
nach Oberellen
Lutzberg
nach Oberellen
Unterellen
14
16

37293 Herleshausen
ⓘ **Touristinformation**
Tel.: 05654 / 98950

ze Hessen" eine frühe Gründung vermuten. Die Burggrafen, Grafen von der Wartburg, benannten sich ab 1227 nach der Brandenburg. Bis ins 19. Jahrhundert wechselten die Besitzer oft, die Burg verfiel und wurde zum Steinbruch der umliegenden Dörfer. Erst im Jahre 1841 wurde der Raubbau durch Großherzog Carl Friedrich von Sachsen-Weimar-Eisenach gestoppt. Während der deutsch-deutschen Teilung war jeglicher öffentliche Zugang verhindert, da die Burg direkt im Grenzgebiet lag. Nach 1989 nahm sich zunächst ein Verein der Burg an, ab 1994 gelangte sie in den Bestand der Stiftung Thüringer Schlösser und Gärten.

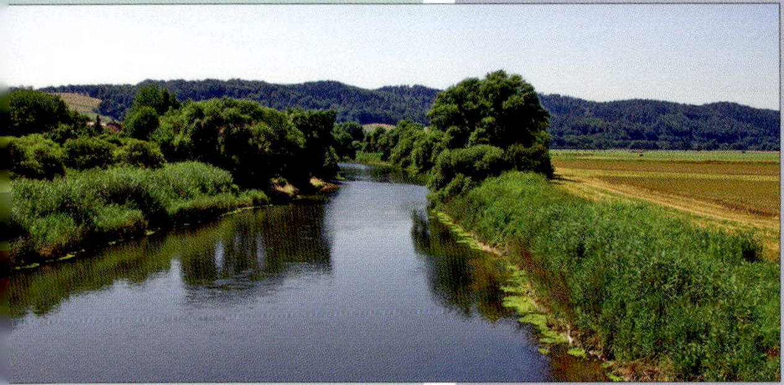

Die Werra bei Wartha

Eine wunderschöne Baumallee führt uns nach **Herleshausen**.

Herleshausen – das Wasser der Werra und die schützenden Berge des Ringgaues versprechen günstige klimatische Bedingungen, dachten sich schon früh Siedler und ließen sich im Gebiet um Herleshausen nieder. Die aus elf Fachwerkorten bestehende Großgemeinde Herleshausen gehört zum Werra-Meißner-Kreis. Sehenswert sind der **Schlosspark** von **Schloss Augustenau**, die evangelische Burgkirche mit interessanter Ausstattung und der jüdische Friedhof.

Im Ort halten wir uns rechts und bleiben bis zum Ortsausgang auf der Hauptstraße. Vor der Autobahnunterführung nach rechts auf den Radweg, der 500 m weiter die Bahn überquert. Mit einem wunderschönen Blick auf die Burgruine Brandenburg gelangen wir nach **Wartha** und überqueren die Werra. Wir zweigen nach links und radeln entlang des Flusses nach Neuenhof. Hier beginnt der **Rennsteig-Radweg**! Nach einem weiteren Kilometer erreichen wir **Hörschel**, wo der klassische Rennsteig für Wanderer am Ufer der Werra beginnt.

Abstecher:
Von Hörschel nach Eisenach (10 km)
Für einen etwa 10 km langen Abstecher vom Werratal-Radweg nach **Eisenach** biegen wir nach rechts in die Mühlstraße. Nun folgen wir der Städteketten- oder Herkules-Radweg-Beschilderung. Ein kurzer steiler Anstieg führt auf einen Waldweg parallel zur Hörsel und zur Bahnlinie. Am Klärwerk von Stedtfeld treffen wir an einer Busschleife wieder auf Asphalt, radeln durch das lauschige Hörseltal bis zum Siebenbornteich, dann durch die gleichnamige Straße und geradeaus durch die Gaswerkstraße. Am Ende biegt man rechts in die Kasseler Straße, radelt durch die Unterführung und nach links auf den Radweg der Katharinenstraße. Halten wir uns immer geradeaus, gelangen wir auf den Markt von Eisenach.

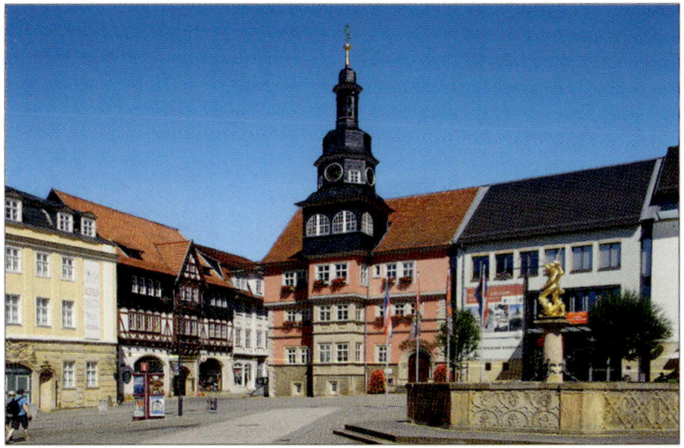
Marktplatz in Eisenach mit Rathaus

Die am Fuße der Wartburg gelegene Stadt **Eisenach** ist ein bedeutendes wirtschaftliches und kulturelles Zentrum Thüringens. Mit ihr sind die Namen zahlreicher berühmter Persönlichkeiten verbunden. Johann Sebastian Bach, Charlotte von Stein und Ernst Abbe wurden in Eisenach geboren. Andere haben hier Geschichte „geschrieben", wie Walter von der Vogelweide, Wolfram von Eschenbach, die heilige Elisabeth, Martin Luther, Johann Wolfgang von Goethe, Fritz Reuter, Franz Liszt, Richard Wagner u. a. m. Die Ursprünge der Stadt liegen in einer Kaufmannssiedlung des 12. Jahrhunderts, die sich im Bereich des heutigen **Karlsplatzes** befand. Hinzu kamen zwei weitere Marktsiedlungen in der Nähe der **Georgenkirche** und am Frauenplan. Dank seiner günstigen Lage an der Via Regia entwickelte sich Eisenach innerhalb kürzester Zeit zum

99817 Eisenach
ⓘ **Eisenach-Information**
Tel.: 03691 / 79230

Lutherhaus
Tel.: 03691 / 29830

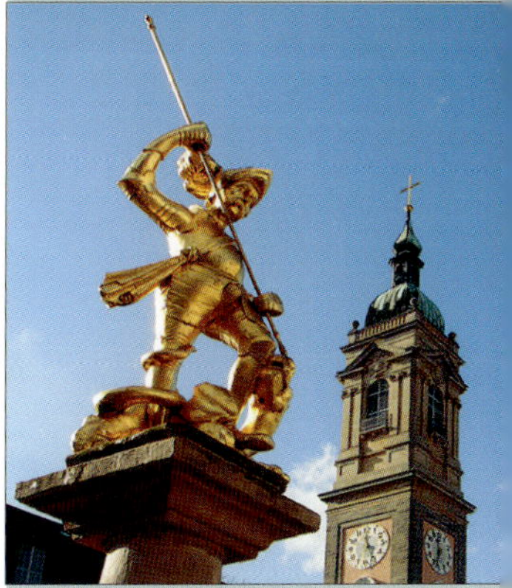
Eisenachs Schutzpatron – Georg der Drachentöter

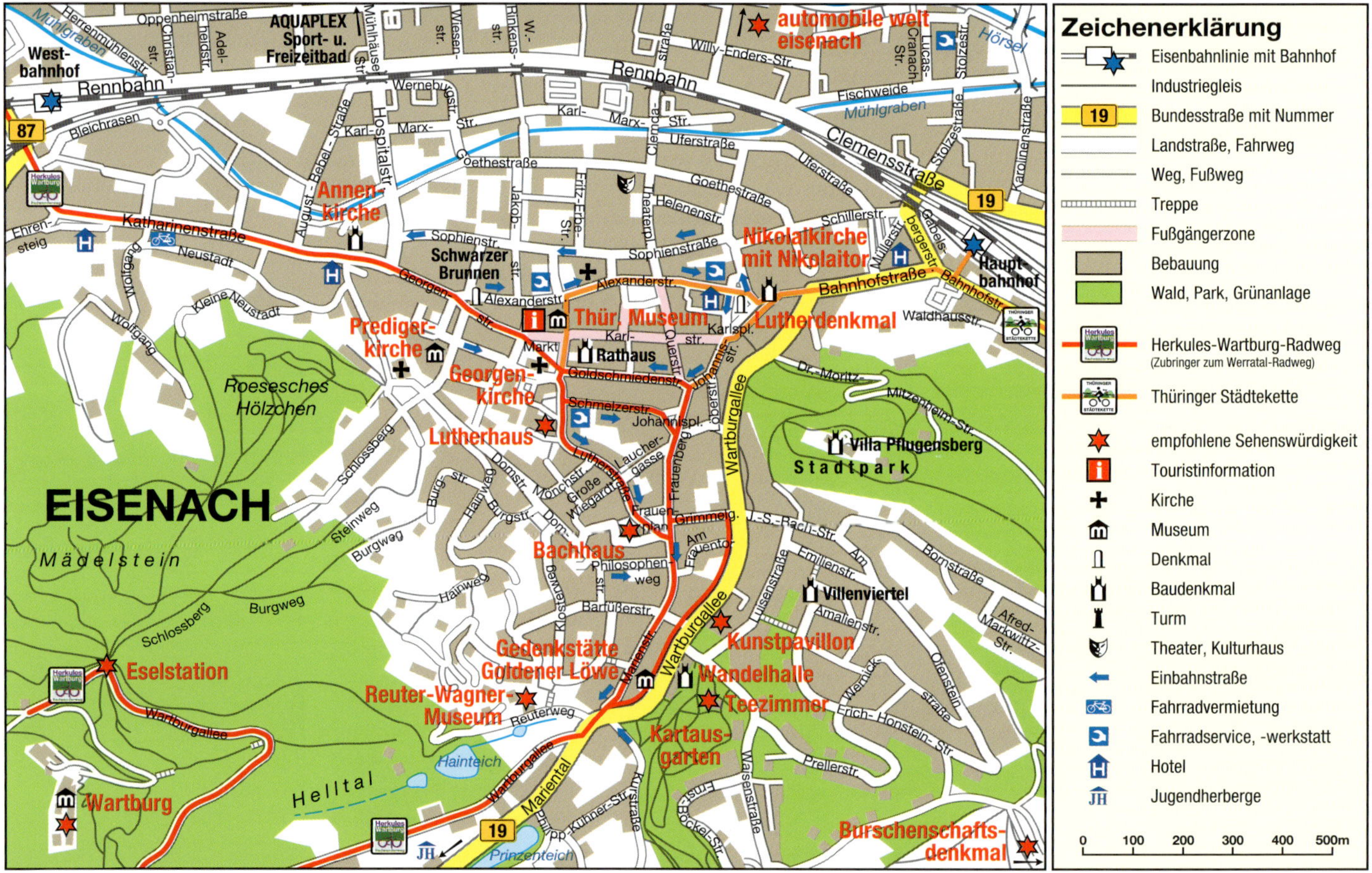
EISENACH
Zeichenerklärung
Eisenbahnlinie mit Bahnhof
Industriegleis
19
Bundesstraße mit Nummer
Landstraße, Fahrweg
Weg, Fußweg
Treppe
Fußgängerzone
Bebauung
Wald, Park, Grünanlage
Herkules-Wartburg-Radweg
(Zubringer zum Werratal-Radweg)
Thüringer Städtekette
empfohlene Sehenswürdigkeit
Touristinformation
Kirche
Museum
Denkmal
Baudenkmal
Turm
Theater, Kulturhaus
Einbahnstraße
Fahrradvermietung
Fahrradservice, -werkstatt
Hotel
Jugendherberge
0
100
200
300
400
500m
Westbahnhof
Hauptbahnhof
AQUAPLEX Sport- u. Freizeitbad
automobile welt eisenach
Annenkirche
Schwarzer Brunnen
Nikolaikirche mit Nikolaitor
Lutherdenkmal
Thür. Museum
Rathaus
Predigerkirche
Georgenkirche
Markt
Lutherhaus
Bachhaus
Roesesches Hölzchen
Mädelstein
Villa Pflugensberg
Stadtpark
Villenviertel
Kunstpavillon
Gedenkstätte Goldener Löwe
Reuter-Wagner-Museum
Wandelhalle
Teezimmer
Kartausgarten
Eselstation
Wartburg
Helltal
Hainteich
Prinzenteich
Burschenschaftsdenkmal
Rennbahn
Clemensstraße
Bahnhofstraße
Katharinenstraße
Georgenstr.
Alexanderstr.
Karlstr.
Goldschmiedenstr.
Schmelzerstr.
Johannispl.
Wartburgallee
Marienstr.
Mariental
Frauenberg
Lutherstraße
Bleichrasen
Neustadt
Kleine Neustadt
Sophienstr.
Goethestraße
Uferstraße
Karl-Marx-Str.
Willy-Enders-Str.
Fischweide
Mühlgraben
Hörsel
Schlossberg
Burgweg
Hainweg
Reuterweg
Philosophenweg
Barfüßerstr.
Klostergasse
Emilienstr.
Amalienstr.
Bornstraße
J.-S.-Bach-Str.
Dr.-Moritz-Mitzenheim-Str.
Erich-Honstein-Str.
Prellerstr.
Waisenstraße
Kurstraße
Hospitalstr.
Wolfgang
Steinweg
87

wirtschaftlichen Zentrum im Westen Thüringens. Ende des 12. Jahrhunderts wird Eisenach erstmals in einer landgräflichen Urkunde als Stadt (civitas) bezeichnet. Viele historische Bauten und Museen belegen die bewegte Geschichte der Wartburgstadt. Das **Bachhaus**, ein über 600 Jahre altes Bürgerhaus am Eisenacher Frauenplan, dient seit 1907 als Museum, das dem Leben und Werk des bedeutenden Komponisten gewidmet ist. In Musikvorträgen, die jede halbe Stunde stattfinden, erklingen Original-Instrumente aus der Zeit Johann Sebastian Bachs. Martin Luther verbrachte als Lateinschüler drei Jahre im Ratsherrenhaus der Familie Cotta, welches heute als **Lutherhaus** bekannt ist und eine Ausstellung über Martin Luther und die Reformation präsentiert. Luther selbst bezeichnete Eisenach später als „Pfaffennest“, wohl aufgrund der vielen Kirchen und Klöster und des dazugehörigen geistlichen Personals, die das Stadtbild bestimmten. Zu erwähnen sind die **Georgenkirche** am Markt mit den Grabsteinen der Thüringer Landgrafen, die spätgotische Spitalkirche **St. Annen**, die barocke Kreuzkirche auf dem alten Friedhof, die romanische Basilika der **Nikolaikirche** mit dem benachbarten **Nikolaitor** und der gotische Bau der **Predigerkirche** mit den angrenzenden Flügeln der ehemaligen Klosteranlage (Museum für Mittelalterliche Kunst, Martin-Luther-Gymnasium). Das zwischen 1741 und 1755 nach Plänen des Weimarer Hofbaumeisters Krohne geschaffene **Stadtschloss**, diente nur acht Jahre als Residenz. Heute birgt es die Sammlungen des Thüringer Museums u. die Touristinformation. In disponierter Lage ragt im Süden das **Burschenschaftsdenkmal** auf, das 1902 zur Erinnerung an das Wartburgtreffen im Jahre 1817 eingeweiht wurde. Am Weg zur Wartburg liegt die Reuter Villa, die sich der niederdeutsche Dichter Fritz Reuter im Stil eines

99817 Eisenach

Bachhaus
Tel.: 03691 / 79340

Predigerkirche
Tel.: 03691 / 784678

Wartburg
Tel.: 03691 / 2500

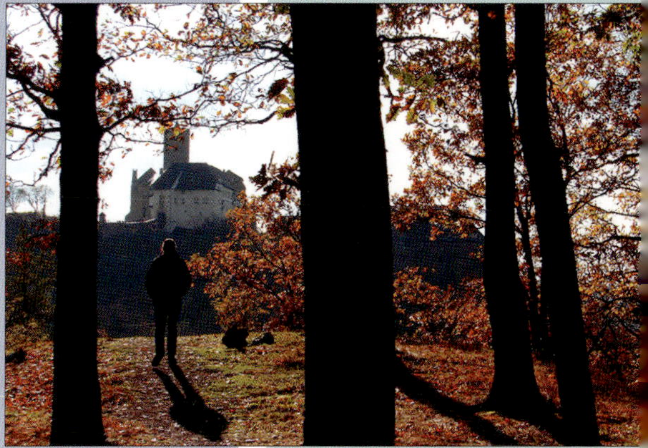

Blick zur Wartburg

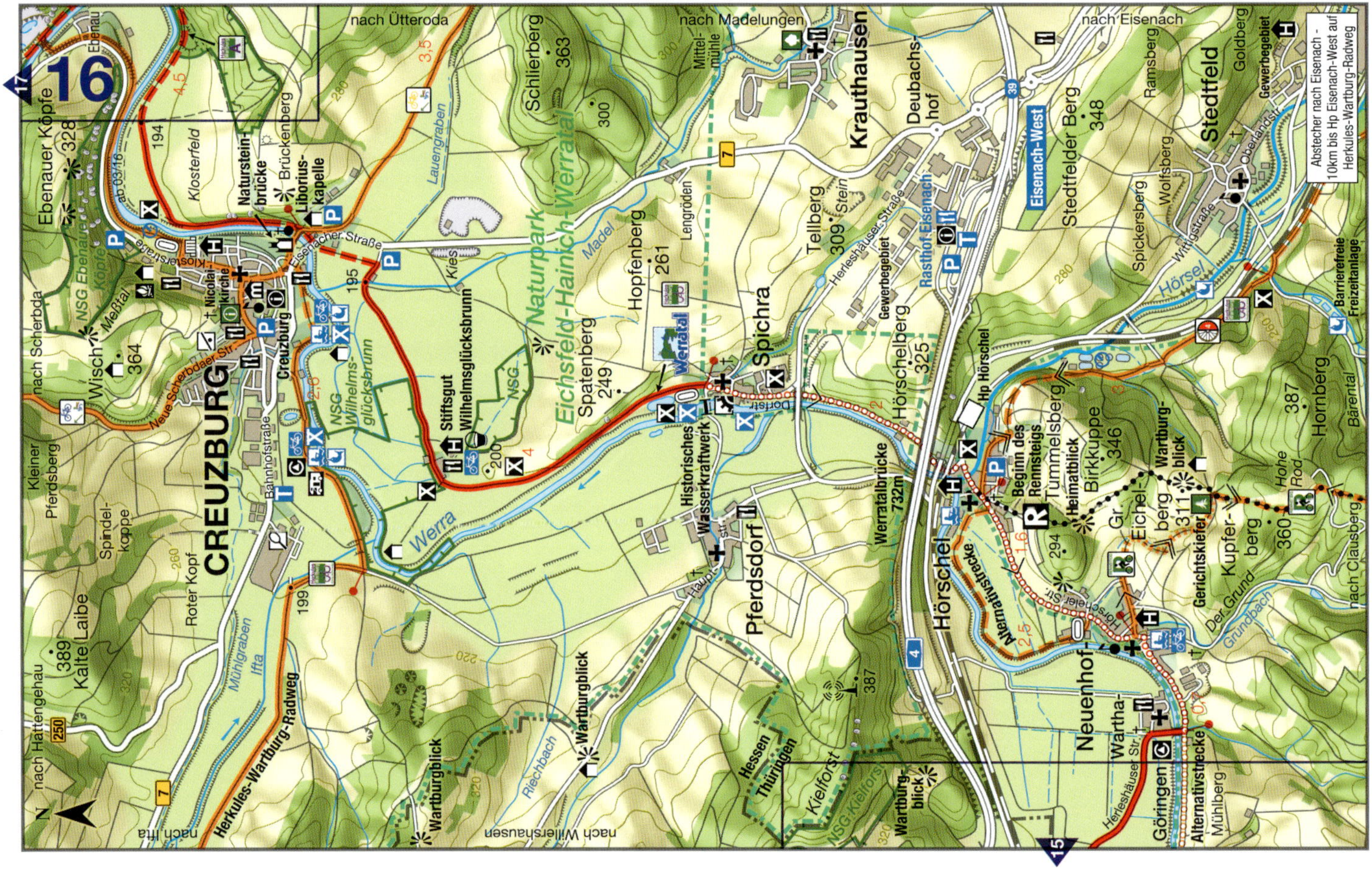

16
17
15
CREUZBURG
Creuzburg
nach Ütteroda
nach Madelungen
nach Eisenach
nach Scherbda
nach Hattengehau
nach Ifta
nach Willershausen
nach Clausberg
Krauthausen
Deubachshof
Stedtfeld
Spichra
Pferdsdorf
Hörschel
Neuenhof
Wartha
Göringen
Ebenauer Köpfe
328
NSG Ebenauer Köpfe
Meßtal
Wisch
364
Klosterfeld
Naturstein-brücke
Brückenberg
Liborius-kapelle
Nicolai-kirche
Eisenacher Straße
Neue Scherbdaer Str.
Bahnhofstraße
Kleiner Pferdsberg
Spindel-koppe
Roter Kopf
Kalte Laibe
389
Mühlgraben
Ifta
Herkules-Wartburg-Radweg
Stiftsgut Wilhelmsglücksbrunn
NSG Wilhelms-glücksbrunn
NSG
Lauengraben
Kies
Schlierberg
363
300
Naturpark Eichsfeld-Hainich-Werratal
Madel
Hopfenberg
261
Spatenberg
249
Lengröden
Mittel-mühle
Werratal
Werra
Historisches Wasserkraftwerk
Dorfstr.
Haupt-str.
Tellberg
309
Stein
Herleshäuser Straße
Gewerbegebiet
Rasthof Eisenach
Eisenach-West
Hörschelberg
325
Werratalbrücke 732m
Hp Hörschel
Stedtfelder Berg
348
Ramsberg
Goldberg
Gewerbegebiet
Oberlandstr.
Wolfsberg
Spickersberg
Wittigstraße
Hörsel
Barrierefreie Freizeitanlage
Abstecher nach Eisenach - 10km bis Hp Eisenach-West auf Herkules-Wartburg-Radweg
Beginn des Rennsteigs
Tummelsberg
Heimatblick
Birkkuppe
346
Wartburg-blick
387
Hornberg
Bärental
Hohe Rod
360
Gr. Eichel-berg
311
Gerichtskiefer
Kupfer-berg
Der Grund
Grundbach
294
Alternativstrecke
Hörscheler Str.
Herleshäuser Str.
Mühlberg
Wartburgblick
Riechbach
Hessen
Thüringen
Kielforst
NSG Kielforst
Wartburg-blick
ab 03/16
Ebenau
194
195
199
200
280
260
220
320
4,5
3,5
2,6
4
2
1,6
2,5
3
0,7
7
39
4
250
N

römischen Landhauses erbauen ließ. Als **Reuter-Wagner-Museum** bekannt, beherbergt sie neben den Wohnräumen des Schriftstellers die umfangreichste Richard-Wagner-Sammlung außerhalb Bayreuths. Die Ausstellung **automobile welt** auf dem ehemaligen Gelände des Wartburgwerkes AWE zeigt originale Pkw, Prototypen und Fahrzeugteile aus der 100-jährigen Automobilbautradition Eisenachs. Das **Industriemuseum „Alte Mälzerei"** ist ein kombiniertes Wohn- und Mälzergebäude von 1873 mit dem funktionstüchtigen Maschinenpark einer Kaffeerösterei. Hier ist auch der Eisenacher Jazzclub beheimatet. Er verfügt über ein umfassendes Archiv zum Thema und eine kostbare Sammlung mit Tonträgern historischer Aufnahmen (Lippmann-Rau-Musikarchiv). An den Südhängen der Stadt entstand zwischen 1862 und dem Ersten Weltkrieg eines der größten zusammenhängenden und beeindruckendsten **Villenviertel** Deutschlands. Mit seinen charmanten Gründerzeit- und Jugendstilhäusern ist es seither die beliebteste Wohngegend Eisenachs.

In Eisenach startet der **Thüringer Städtkette Radweg**. Auf 225 Kilometern führt er quer durch Thüringen bis Altenburg. Wer die reizvollen Innenstädte von Gotha, Erfurt, Weimar, Jena und Gera besichtigen möchte, ist hier richtig aufgehoben. Aber auch die hübschen Dörfer und natürlich die Landschaft laden zum Entdecken ein.

In **Hörschel** nimmt die Werra durch den Zufluss der Hörsel beträchtlich an Breite zu. Unser Weg führt über die Hörselbrücke, die sich kurz vor der Mündung befindet. Gleich darauf biegen wir nach links in die Spichraer Straße und radeln unter der hohen Autobahnbrücke an der Werra entlang.
Nach zwei Kilometern erreichen wir den kleinen Ort Spichra. In Spichra erzeugt eines der historischen Werrawasserkraftwerke wieder Energie. Die Straße führt an der Kirche vorbei und in einem Linksbogen zum Ortsausgang. Dort gelangen wir rechts auf einen asphaltierten Radweg der am Stiftsgut **Wilhelmglücksbrunn**, einem ehemaligen Salinenstandort und heutigem Gasthof mit gut sortiertem Bioladen und Käsemanufaktur, vorbeiführt. Kurz vor der B 7 biegt der Radweg nach

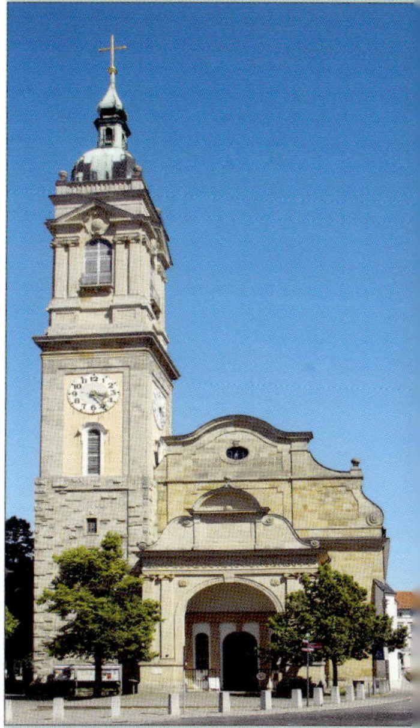

Kirche mit Vergangenheit - Eisenachs Georgenkirche

99831 Creuzburg
ⓘ **Touristinformation**
Tel.: 036926 / 98047

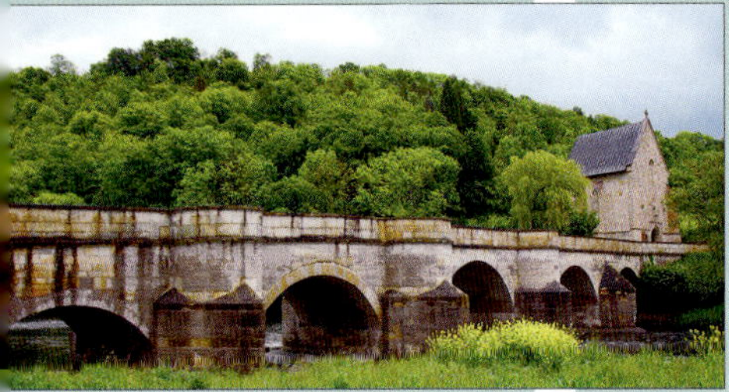

Die siebenbogige Werrabrücke ließ Ludwig II. 1225 errichten.

links auf einen geschotterten Weg dem man bis zur alten Werrabrücke mit der **Liboriuskapelle** folgt. Überquert man auf dieser romanischen Brücke die Werra, gelangt man nach **Creuzburg**.

Creuzburg

Die Geschichte der Stadt und der Burg ist eng mit der Thüringer Landgrafengeschichte der Ludowinger und damit auch mit der Wartburg bei Eisenach verbunden. Die Stadt **Creuzburg**, durch Erlass des Landgrafen Hermann I. 1213 zur Stadt erhoben, ist offensichtlich wesentlich älter. Laut Überlieferung soll bereits Bonifatius 724 hier missioniert und auf dem Burgberg ein Kreuz errichtet haben. Die heilige Elisabeth hielt sich nach Überlieferungen wesentlich lieber auf der Creuzburg, als auf der Wartburg auf. Von 1223 bis 1228 lebte sie fast ausschließlich hier und brachte ihren Sohn Hermann zur Welt. Zu Ehren der Geburt Hermanns ließ 1225 Ludwig II. die steinerne siebenbogige Werrabrücke errichten. Sie war ein wichtiges Verbindungsglied an der alten Handelsstraße „Die lange Hesse". Die **Liboriuskapelle** wurde ihr 1499 zur Seite gestellt. Der Marktplatz wird von der Nikolaikirche geprägt. Sie ist ein Bau aus dem 13. Jahrhundert, der nach der Kriegseinwirkung restauriert wurde. Berühmtester Sohn der Stadt ist der 1571 geborene Musiker und Komponist Michael **Praetorius**. Die Creuzburg beherbergt neben einem **Burgmuseum**, einem Hotel- und Restaurant, einer Töpferei und einem liebevoll angelegten Burggarten auch eine Gedenkstätte des Kirchenmusikers. Im Sommer finden Konzerte auf dem Burghof statt. Einmal im Jahr wird zum Mittelalterfest zu Pfingsten geladen. Jedes Jahr im September zelebriert die Praetorius-Gesellschaft die Michael-Praetorius-Tage.

In Creuzburg gesellt sich der **Herkules-Wartburg-Radweg** zu uns. Sein Name weist uns auf die beiden Städte hin, die er verbindet: Kassel und Eisenach. Auf 215 km geht es zwar die Werra entlang aber auch durchs hügelige Nordhessen.

Jetzt beginnt einer der schönsten Abschnitte des Werratals. Die Werra fließt nun zwischen Muschelkalkriffen entlang, die sie bis Treffurt begleiten. Das Ergebnis der jahrtausendlangen Auswaschungen sind die schroffen weißen Klippen von Creuzburg und Ebenau. Von der alten Werrabrücke aus sind sie, aber auch die Stadt und Burg Creuzburg, gut zu sehen. Unser Weg setzt sich rechts neben der Liboriuskapelle fort. Am Werraufer entlang über offenes Feld und durch einen Buchenwald gelangen wir auf einen kleinen schattigen Pfad, der entlang der Werra bis zum Buchenauer Steinbruch führt. Unterwegs informiert an einer Schutzhütte eine Infotafel über den Werradurchbruch. Am Ende des Pfades erwartet uns ein kurzer Anstieg. Es ist geplant, ab 2016 den Weg auf den Bahndamm zu verlegen. Wir radeln ein Stück auf der geschotterten Trasse der ehemaligen Werratalbahn. Auf Asphalt angelangt, biegen wir nach links und fahren in einem Bogen um den Ort Buchenau, bis wir kurz vor einer Autobrücke nach rechts zum Wald hin abbiegen. Auf einem schattigen Waldweg gelangen wir nach **Mihla**. Der Radweg tangiert den Ort nur. Von der gepflasterten Bahnhofstraße kommend biegt er sogleich nach links und führt über die Werrabrücke.

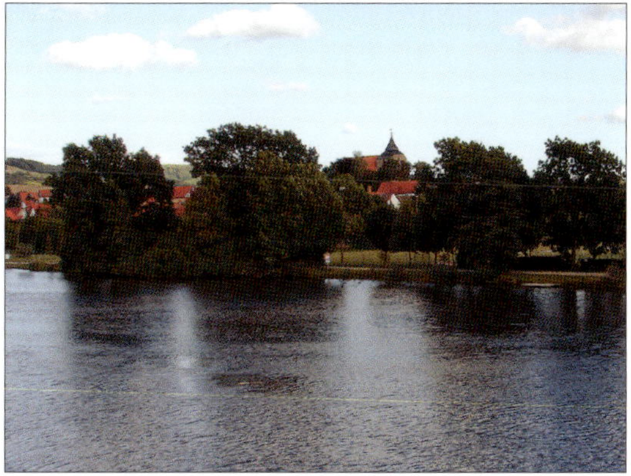

Blick auf Mihla

Angebot:
Sandgut Mihla
→ Seite 107

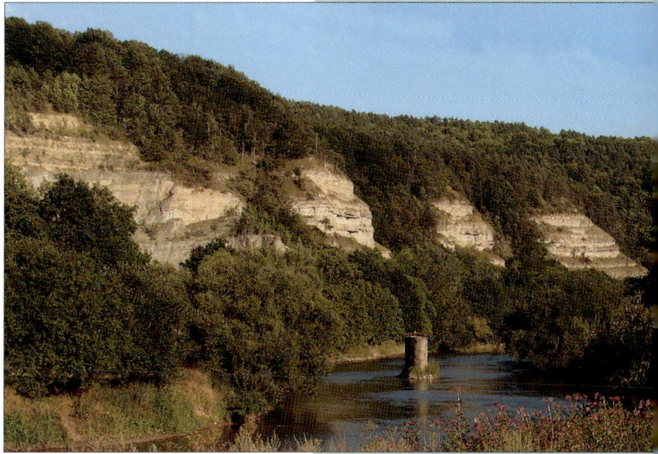

Die Muschelkalkklippen bei Buchenau

99826 Mihla
ⓘ **Touristinformation**
Tel.: 036926 / 489830

Museum im Rathaus
Tel.: 036926 / 489830

Freibad Dr. Ernst Wiedemann
Tel.: 036926 / 42485

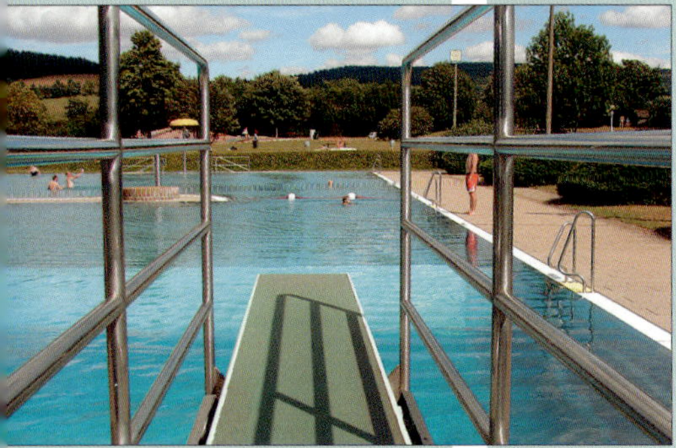

Mihla – Dr.-Wiedemann-Schwimmbad

6. Etappe

Für einen Abstecher nach Mihla fährt man vor der Werrabrücke geradeaus. Wir umrunden den Sportplatz und radeln an der Werra entlang zum Grauen Schloss.

Die Ersterwähnung **Mihlas** geht bis auf die Zeit um 780 zurück. Im 12. Jahrhundert entstand in der Werraniederung eine Wasserburg, die 1536 von der Ritterfamilie von Harstall als Renaissanceschloss umgebaut wurde. Dennoch blieb der wehrhafte Charakter erhalten. Heute befindet sich ein Hotel mit Restaurant im **Grauen Schloss** und ist ein beliebtes Einkehrziel. Etwa im gleichen Zeitraum entstanden zwei weitere Schlösser, von denen noch das **Rote Schloss**, eine geräumige Renaissanceanlage im Fachwerkstil, erhalten ist. Die barocke **St.-Martins-Kirche**, mit dem aus romanischer Zeit stammenden Turm, birgt einen wertvollen spätmittelalterlichen gotischen Schnitzaltar. In dreizehn Szenen schildert der Altar die Passionsgeschichte. Unterhalb der Kirche befindet sich der Anger, einst Mittelpunkt des Dorfes und Stätte der Gerichtsbarkeit. Am steinernen Tisch wurde Recht gesprochen und so manches Urteil vollstreckt. Zahlreiche schöne Fachwerkbauten aus der Zeit der Werraflößerei prägen das Ortsbild. Mihla liegt am sogenannten Werraknie, einer etwa 800 m breiten Flusskurve. Von nun an verläuft die Werra kontinuierlich gen Nordwesten.

Nach der Brücke erwartet uns links eine kleine Steigung. Oben angelangt biegen wir nach rechts und radeln auf das idyllisch am Wald gelegene, solarbeheizte **Schwimmbad** zu. Nach einer an einem heißen Sommertag erfrischenden Badepause geht es weiter.

Wir umfahren das Freibad nach links und treffen wieder auf die Werra. Wir radeln solange auf der linken Flussseite, bis uns die blaue Radler- und Fußgängerbrücke auf die Frankenrodaer Seite führt. Nun rollen wir weiter auf der ehemaligen Bahnstrecke ins hübsche Fachwerkdörfchen **Fran-**

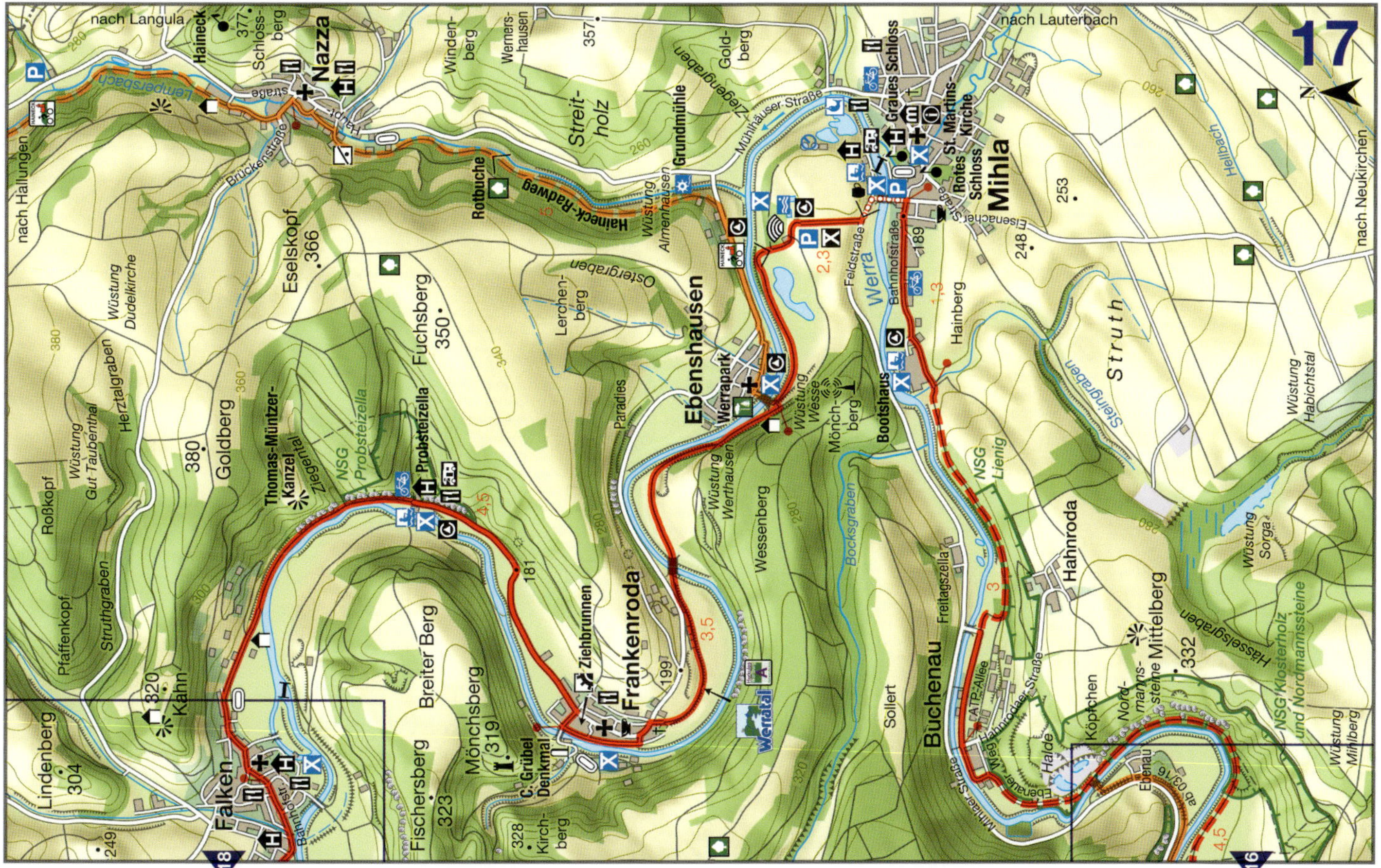
17
nach Langula
nach Lauterbach
nach Hallungen
nach Neukirchen
Haineck
377
Schlossberg
Nazza
Lemperbach
Hauptstraße
Brückenstraße
Windenberg
Wernershausen
357
Streitholz
Goldberg
Ziegengraben
Grundmühle
Mühlhäuser Straße
Rotbuche
Haineck-Radweg
Wüstung Almenhausen
Mihla
Graues Schloss
St. Martins-Kirche
Rotes Schloss
Eisenacher Straße
253
248
189
Heilbach
Eselskopf
366
Ostergraben
Lerchenberg
Ebenshausen
Werra
Feldstraße
Bahnhofstraße
Hainberg
Struth
Wüstung Dudelkirche
Fuchsberg
350
Werrapark
Wüstung Wesse
Mönchberg
Bootshaus
Steingraben
Wüstung Habichtstal
Herztalgraben
Wüstung Gut Taubenthal
Roßkopf
380
Goldberg
Thomas-Müntzer-Kanzel
Ziegental
NSG Probsteizella
Probsteizella
Paradies
Wüstung Werthausen
Wessenberg
Bocksgraben
NSG Lienig
Hahnroda
Wüstung Sorga
Pfaffenkopf
Struthgraben
181
Frankenroda
Ziehbrunnen
Breiter Berg
Freitagszella
Buchenau
Mittelberg
332
Hässelsgraben
NSG Klosterholz und Nordmannssteine
Nordmannssteine
Köpfchen
ATP-Allee
Hahnrodaer Straße
Halde
Lindenberg
304
320
Kahn
Mönchsberg
319
C. Grübel Denkmal
199
Werratal
Sollert
Ebenauer Weg
Ebenau
ab 03/16
Wüstung Mihlberg
Falken
Bahnhofstr.
249
Fischersberg
323
328
Kirchberg
Mihlaer Straße
18
16
2,3
1,3
4,5
3,5
3
5
280
260
300
340
360
320

99830 Treffurt
ⓘ **Touristinformation**
Tel.: 036923 / 51542

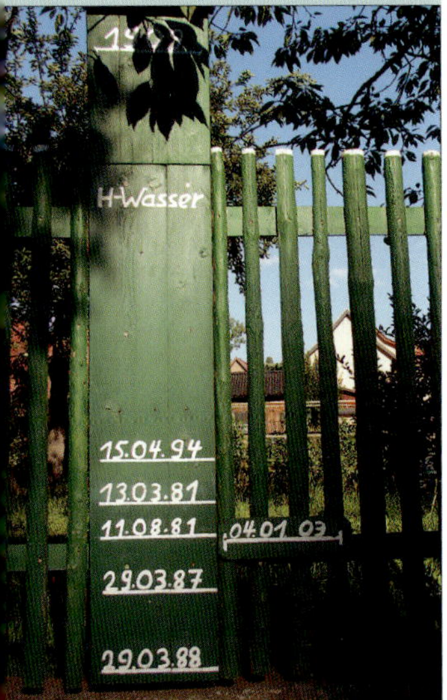

Die Werra kann auch heftig werden.

kenroda. Hier geht es geradewegs auf die Uferpromenade der Werra zu. Sie lädt mit einem Café und Bänken am Flussufer ein, die romantische Lage zu genießen. Der Radweg führt am Ende der Promenade nach rechts auf die Lindenstraße, um nach etwa 100 m links auf die Carl-Grübel-Straße abzubiegen. Etwa 2 km sind es bis zur **Probstei Zella**.

Das idyllische Anwesen, mit Gasthof, Reiterhof und Bootsanlegestelle, geht auf die, angeblich von einem Eremiten 777 gegründeten „Zelle“ (einem kleinen Kloster), zurück. Nebenan befindet sich ein Campingplatz. Auf dem asphaltierten Radweg geht es an den Falkner Klippen entlang nach **Falken**.

Thomas-Müntzer-Kanzel
Rechterhand berichtet eine Gedenktafel von einer, von Thomas Müntzer während der Bauernkriegszeit, auf eben jenem Felsen gehaltenen Rede im Jahre 1525. Der revolutionäre Bauernführer und Theologe starb am 27. Mai 1525, nachdem man ihn vor den Toren Mühlhausens enthauptete.

Auf der Frankenrodaer Straße gelangt man zu dem mit Linden dichtbestandenen Anger des Treffurter Ortsteils **Falken**. Nach weiteteren vier Kilometern ist die Fachwerkstadt **Treffurt** erreicht. Der Radweg zweigt von der Gartenstraße in die gepflasterte Ziddelstraße nach rechts oben in den Ort. Am Fuße der Steigung befindet sich eine Radwerkstatt. Kurz danach biegt der Weg nach rechts in die Hessische Straße, dann nach links in die Rathausstraße, am Marktplatz vorbei und noch einmal nach links in die Puschkinstraße.

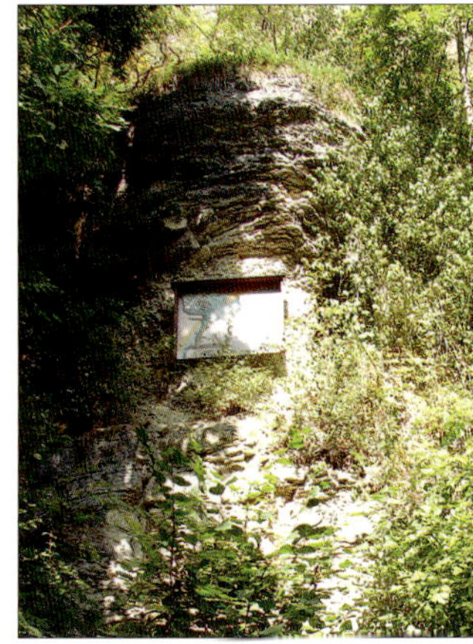

Hier predigte Thomas Müntzer kurz vor seinem Tod.

Treffurt liegt im Naturpark Eichsfeld-Hainich-Werratal und gehört zur „Deutschen Fachwerkstraße Harz – Thüringer Wald“. Hoch

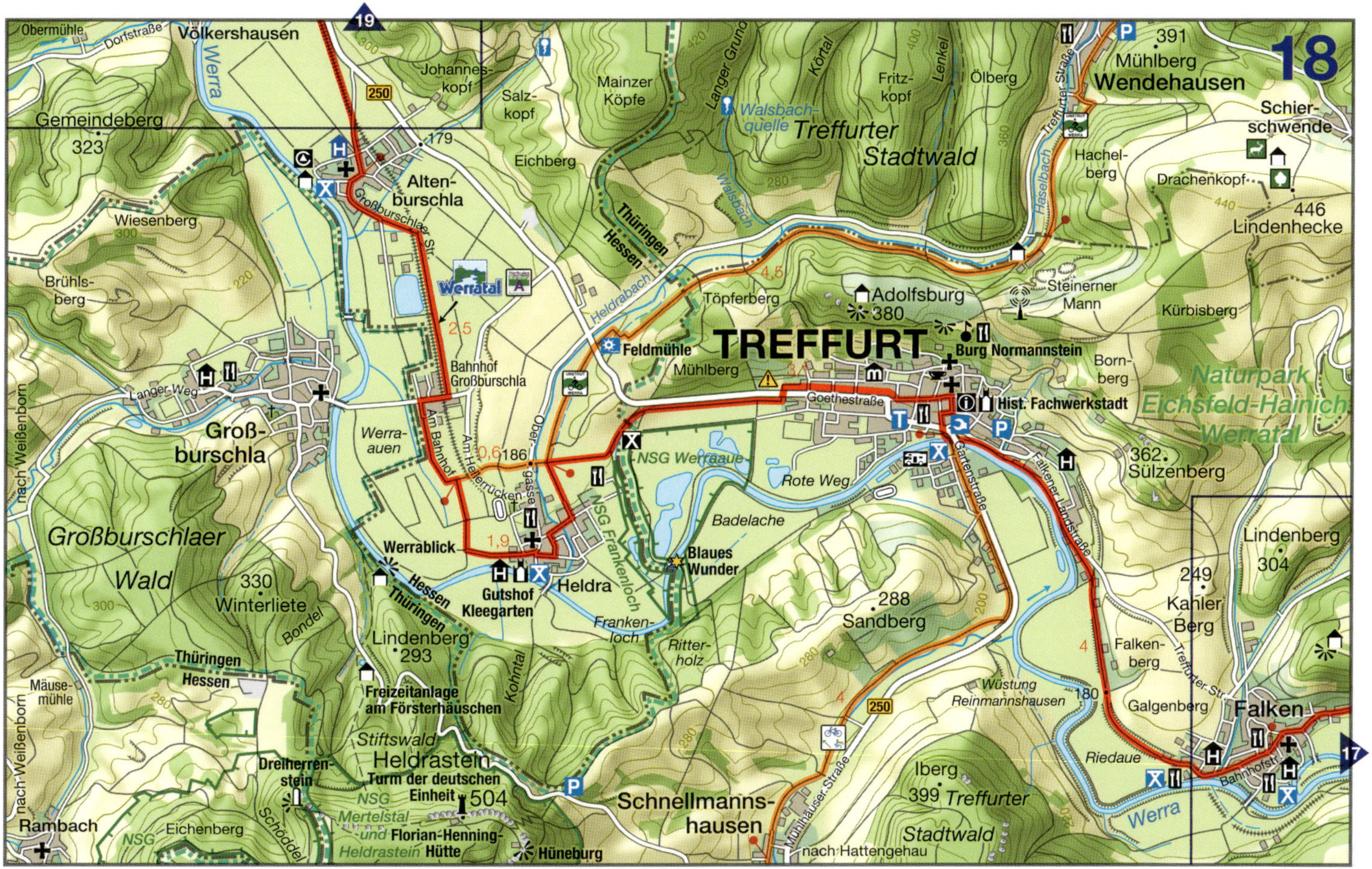
18
19
17
Obermühle
Dorfstraße
Völkershausen
Werra
Johannes-
kopf
250
Salz-
kopf
Mainzer
Köpfe
Langer Grund
Körtal
Fritz-
kopf
Lenkel
Ölberg
Treffurter Straße
391
Mühlberg
Wendehausen
Walsbach-
quelle
Treffurter
Stadtwald
Schier-
schwende
Gemeindeberg
323
179
Eichberg
Alten-
burschla
Großburschlaer Str.
Walsbach
Haselbach
Hachel-
berg
Drachenkopf
446
Lindenhecke
Wiesenberg
Thüringen
Hessen
Werratal
Brühls-
berg
2,5
Heldrabach
4,5
Töpferberg
Adolfsburg
380
Steinerner
Mann
Kürbisberg
Feldmühle
TREFFURT
Burg Normannstein
Bahnhof
Großburschla
Mühlberg
3,1
Born-
berg
Naturpark
Eichsfeld-Hainich
Werratal
Langer Weg
Goethestraße
Hist. Fachwerkstadt
nach Weißenborn
Groß-
burschla
Werra-
auen
Am Bahnhof
Am Hellerrücken
0,6
186
Obergasse
NSG Werraaue
Gartenstraße
Falkener Landstraße
362
Sülzenberg
Rote Weg
Großburschlaer
Wald
NSG Frankenloch
Badelache
Lindenberg
304
Werrablick
1,9
Blaues
Wunder
249
Kahler
Berg
330
Winterliete
Gutshof
Kleegarten
Heldra
288
Sandberg
Hessen
Thüringen
Franken-
loch
Bondel
Lindenberg
293
Ritter-
holz
4
Falken-
berg
Thüringen
Hessen
Kohntal
Mäuse-
mühle
Freizeitanlage
am Försterhäuschen
Wüstung
Reinmannshausen
180
Treffurter Str.
Galgenberg
Falken
250
4
Stiftswald
Heldrastein
Turm der deutschen
Einheit
504
Dreiherren-
stein
NSG
Mertelstal
und
Heldrastein
Florian-Henning-
Hütte
Schnellmanns-
hausen
Mühlhäuser Straße
Iberg
399
Treffurter
Stadtwald
Riedaue
Bahnhofstr.
Werra
Rambach
NSG
Eichenberg
Schöddel
Hüneburg
nach Hattengehau

99830 Treffurt
Burg Normannstein
Tel.: 036923 / 51542

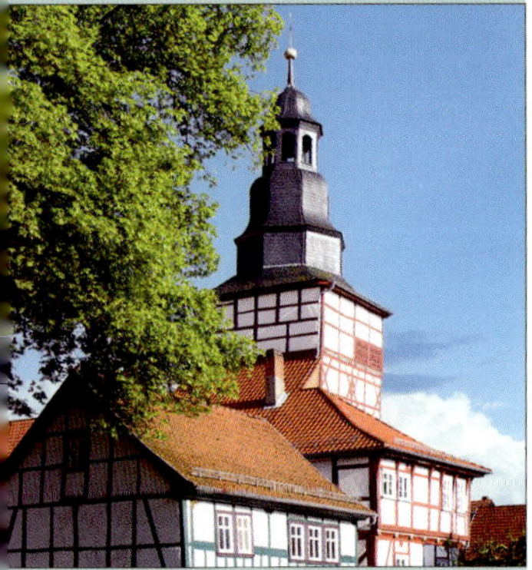

Das Rathaus in Treffurt

über der Stadt erhebt sich die Burg **Normannstein**. Sie wurde zum Schutz der drei Furten durch die Werra, die der Stadt auch ihren Namen gaben, errichtet. Im großen Viereckturm mit Aussichtsplattform wird die Ausstellung „Werraburgen über Werrafurten" gezeigt. Der denkmalgeschützte Stadtkern mit vielen prächtig restaurierten Fachwerkhäusern, dem **Fachwerk-Rathaus** (1549) aus der Renaissancezeit und der mittelalterlichen Straßenführung besticht durch seine Geschlossenheit. Umgeben ist die Stadt von ausgedehnten Laubwäldern und vom **Heldrastein**, dem mit 503 m höchsten Berg im Werratal. Von dort aus genießt man einen herrlichen Blick weit übers Werratal hinaus.

Der Nun führt der Werratal-Radweg bis zum Ortsende auf der Straße und später auf einem ausgebauten Gehweg entlang. Dort wechselt der Radweg auf die andere Straßenseite. Nach etwa einem Kilometer wird eine ehemalige Bahnbrücke unterquert. Wir verlassen Thüringen. Leicht hügelig geht es durch die Felder. Der nächste Ort, Wanfried-Heldra, liegt bereits im Werra-Meißner-Kreis an den Ausläufern einer weiten Flussaue, an der sich von Frühjahr bis Herbst Störche niederlassen Es geht weiter nach **Heldra**. Dazu biegt man an der nächsten Weggabelung nach links. Hoch über dem Ort, auf der anderen Seite der Werra, thront ein mächtiger Kalksteinfelsen, der **Heldrastein**.

Der nur 32 Kilometer lange **Unstrut-Werra-Radweg** gehört zu den 13 Radfernwegen Thüringens. Er verbindet die beiden Flussrad-

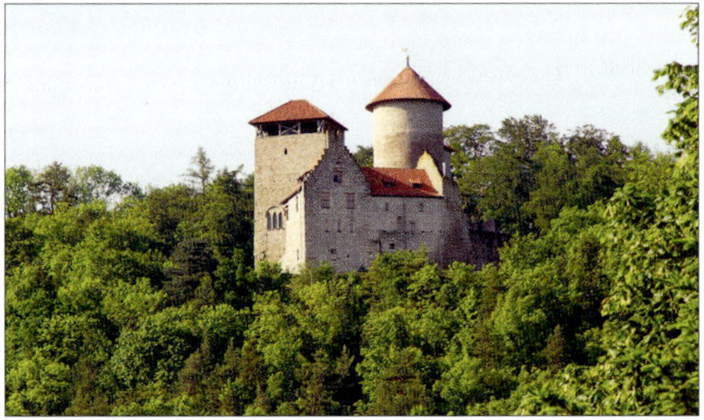

Einst wachten die Ritter auf Normannstein hoch über der Werra.

wege Werratal und Unstrut. Wer in Heldra startet, hat erst einmal eine Steigung von 200 Metern auf 20 Kilometer zu bewältigen. Dafür geht es nach Langula recht flott wieder zu Tale. Endpunkt ist die Stadt Mühlhausen mit ihrer reizvollen Altstadt.

Nach dem Schützenhaus geht der Weg zweimal nach rechts, dann links wieder auf den Hauptweg. An der nächsten T-Kreuzung liegt links auf der anderen Seite der Werra **Großburschla**. Wir halten uns rechts und biegen am ehemaligen Großburschlaer Bahnhof nach 100 m wieder links ab. An einem Teich vorbei, dann leicht links, geht es in den hübschen Ort **Altenburschla**. Am Ortsende weist 100 m nach dem Ortsausgangsschild der Wegweiser nach links und führt auf der ehemaligen Bahntrasse geradeaus nach **Wanfried**. Wir folgen dem Weg zur Ortsmitte Wanfrieds. Noch immer begleitet uns auch der Herkules-Wartburg-Radweg Richtung Kassel. Gegenüber dem Rathaus Wanfrieds steht ein Touristeninformationshäuschen. Wer während eines Rundgangs sein Fahrrad sicher aufbewahren möchte, kann dies kostenlos in einer der Fahrradboxen im Innenhof des Rathauses tun.

Die Renaissancestadt **Wanfried** war Ausgangspunkt der Werra-Weser-Schifffahrt und entwickelte sich 16./17. Jahrhundert zu einem wichtigen Handelszentrum. Nachdem die gelöschten Güter das Zollamt „Auf der Schlagd" (Schlagd ist die Bezeichnung eines Dammes zur Uferbefestigung. Die in den Schlick geschlagenen Pfähle wurden mit Hilfe einer Ramme „eingeschlagen") passiert hatten, wurden sie auf dem Landweg, vor allem nach Thüringen, Sachsen und Bayern weiter transportiert. Bevorzugte Handelsgüter waren Kaffee, Zucker, Öl, Gewürze, Tabak, Wollwaren, Wein, Honig und Fisch. Zu dieser Zeit entstanden die prächtigen **Handelshäuser** an der Marktstraße, Herbergen, eine Börse und ein Brauhaus. In der zweiten Hälfte des 19. Jahrhunderts ging die Bedeutung der Werraschifffahrt mehr und mehr zurück, da der Gütertransport auf die Schiene verlagert wurde. Wanfried

37281 Wanfried
ⓘ **Touristinformation Eschwege**
Tel.: 05651 / 331985

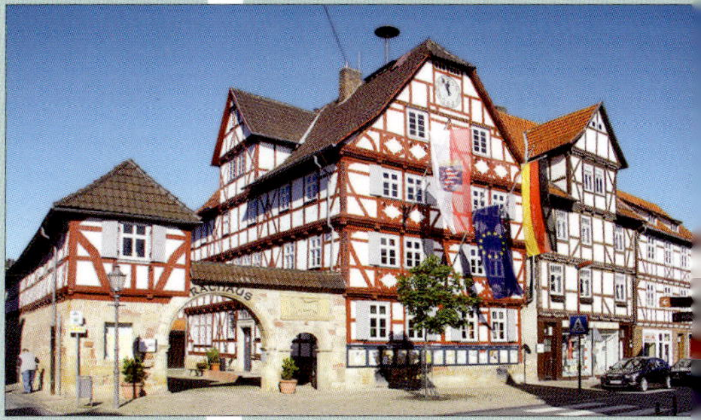

Das Rathaus in Wanfried

6. Etappe Von Mihla nach Eschwege (35 km)

37281 Wanfried
Städtisches Heimatmuseum
Dokumentationszentrum zur deutschen Nachkriegsgeschichte
Tel.: 05655 / 8052

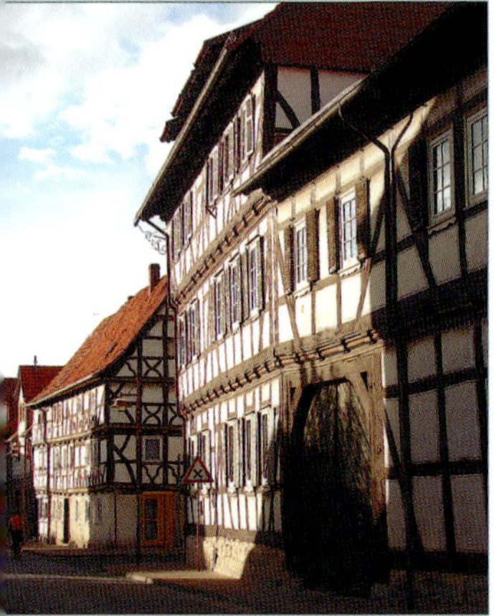

Wir bleiben im Fachwerkland – hier in Wanfried

wurde im Jahr 1902 an die Werratalbahn angeschlossen. 1945 wurde auf dem Wanfrieder Herrensitz „Kalkhof" das Wanfrieder Abkommen, ein Gebietstausch zwischen der amerikanischen und sowjetischen Besatzungszone entlang der so genannten „Whisky-Wodka-Linie" geschlossen. Wer mehr über regionale Geschichte erfahren möchte dem sei das **Städtische Heimatmuseum** und **Dokumentationszentrum zur deutschen Nachkriegsgeschichte** empfohlen. Das Museum befindet sich im Keudellschen Schloss, einem ansprechend sanierten Gebäude mit Steinsockel und Fachwerkaufbau. Einen fantastischen Blick übers Werratal und auf die Fachwerkherrlichkeit bietet der **Plesseturm**.

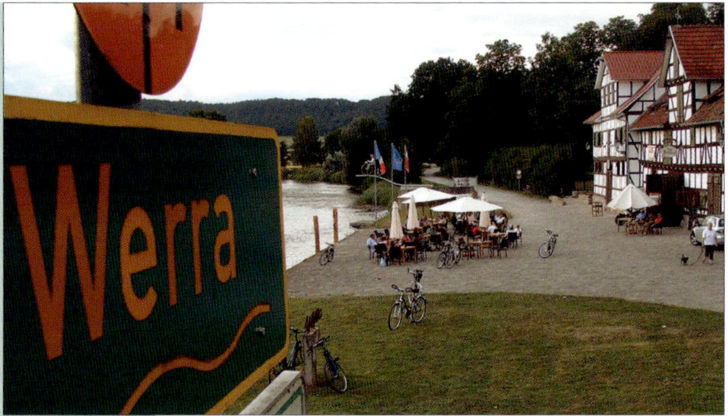

Radler willkommen an der Schlagd in Wanfried

Weiter den Schildern nach, an den reich verzierten Herrenhäusern und den großen Schlagdhäusern auf der linken, der einladenden Gaststätte „Zur Schlagd" auf der rechten Seite. Der Werratal-Radweg überquert die Brücke und biegt 150 m weiter rechts auf einen kleinen Asphaltweg in die Flussaue ein. Am Ortseingang von Aue biegen wir nach rechts ab. Noch vor dem nächsten Ort **Frieda**, biegen wir nach links ab. Geradlinig, an Fischteichen vorbei, gelangen wir nach 4 km nach **Eschwege**. Am Beginn des Ortes, am Biergarten Felsenkeller, führt ein Fußweg zum 319 m hoch ragenden Bismarckturm.

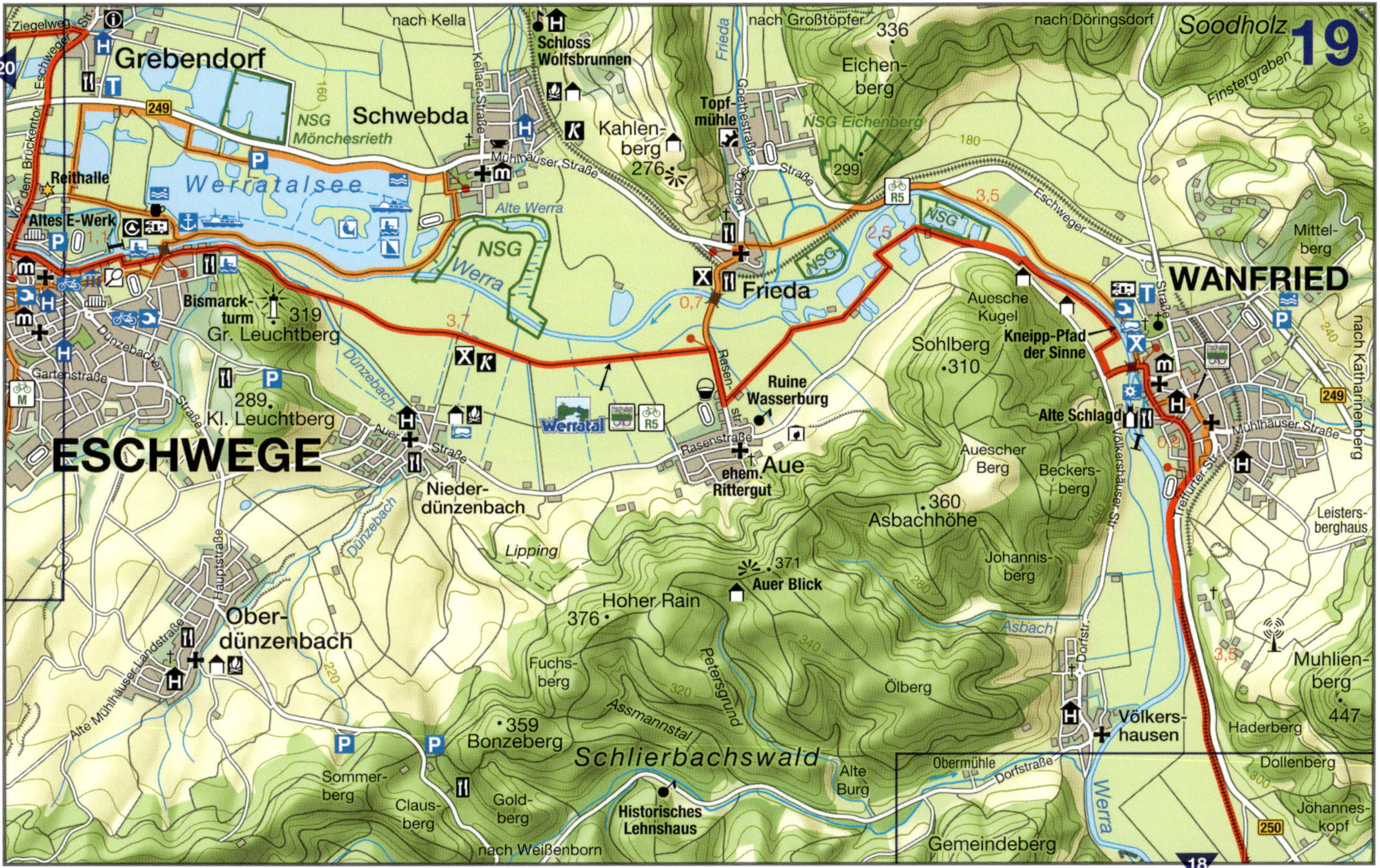

19
Grebendorf
Schwebda
Schloss Wolfsbrunnen
Topf-mühle
Eichen-berg
Soodholz
Finstergraben
NSG Mönchesrieth
NSG Eichenberg
Kahlen-berg 276
Werratalsee
Reithalle
Altes E-Werk
Alte Werra
NSG
Werra
Frieda
WANFRIED
Mittel-berg
Auesche Kugel
Kneipp-Pfad der Sinne
Sohlberg 310
Bismarck-turm 319
Gr. Leuchtberg
Kl. Leuchtberg 289
ESCHWEGE
Dünzebach
Ruine Wasserburg
Werratal
Alte Schlagd
Auescher Berg
Beckers-berg
Aue
ehem. Rittergut
Nieder-dünzenbach
Asbachhöhe 360
Leisters-berghaus
Lipping
Auer Blick 371
Johannis-berg
Hoher Rain 376
Ober-dünzenbach
Asbach
Fuchs-berg
Petersgrund
Ölberg
Muhlien-berg 447
Assmannstal
Bonzeberg 359
Völkers-hausen
Haderberg
Schlierbachswald
Obermühle
Dollenberg
Sommer-berg
Claus-berg
Gold-berg
Historisches Lehnshaus
Alte Burg
Gemeindeberg
Johannes-kopf
nach Kella
nach Großtöpfer
nach Döringsdorf
nach Katharinenberg
nach Weißenborn
Ziegelweg
Eschweger Str.
Vor dem Brückentor
Gartenstraße
Dünzebacher Straße
Kellaer Straße
Mühlhäuser Straße
Goethestraße
Eschweger Straße
Rasenstraße
Auer Straße
Hauptstraße
Alte Mühlhäuser Landstraße
Völkershäuser Str.
Treffurter Str.
Dorfstraße
Dorfstr.
249
250
R5
336
299

20
18

37269 Eschwege
ⓘ **Touristinformation**
Tel.: 05651 / 331985

Stadtmuseum
Tel.: 05651 / 331986

Zinnfigurenkabinett
Tel.: 05651 / 331985

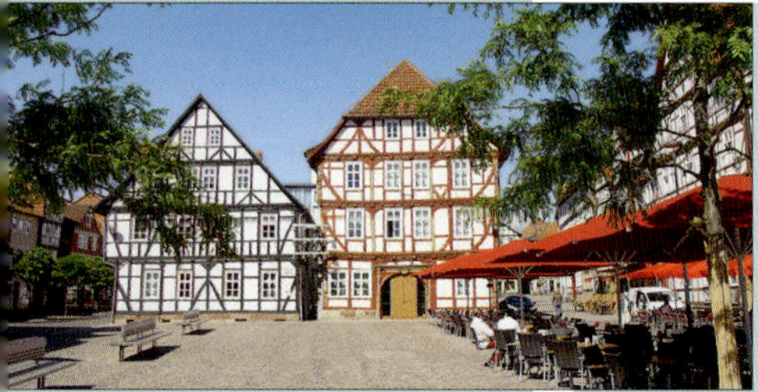

Der Marktplatz von Eschwege

7. Etappe

In **Eschwege** führt unser Weg geradeaus, bis diese nach links abknickt und wir geradeaus durch den Park radeln. Rechts geht es über eine Holzbrücke zum 7 km langen Rundweg um den Werratalsee mit seinen beiden Badestränden und dem Ausflugsschiff „Werranixe". Wir radeln geradeaus durch den Park, bis dieser vor dem Stadtzentrum an der Wiesenstraße endet. Geradeaus, an einer Tankstelle vorbei, geht es über den Brühl zum Markt.

974 wurde **Eschwege** als eskinivvach, „Die Siedlung bei den Eschen am Wasser" erwähnt. Mit der Erteilung des Stadtrechtes 1249 wurde auch die Grundlage für die bis in die Neuzeit florierende Tuch- und Ledererzeugung gelegt. Im 19. Jahrhundert wurde Eschwege auch als „Stadt der Gerbereien" bezeichnet. Im alten Industrieviertel zwischen den Werrabrücken, lagerten auf den „Lohböden" die Häute zum Trocknen. Daneben gab es zahlreiche Betriebe zur Verarbeitung und Veredelung von Tabak, der in der Werralandschaft prächtig gedieh. Eschwege ist die Postkartenidylle einer deutschen **Fachwerkstadt** schlechthin. Im Stadtgebiet finden sich mehr als 1.000 Fachwerkhäuser mit vielen Flachschnitzereien. Sie stammen fast alle aus der ersten Hälfte des 17. Jahrhunderts. Das ehemalige **Renaissance-Landgrafenschloss** wurde im 16. und 17. Jahrhundert auf den Fundamenten der ehemaligen Stadtburg errichtet. Im Südosten der Schlossanlage befindet sich der so genannte **Dietemann-Pavillon**. Dietemann, die Symbolfigur Eschweges, bläst hier zu jeder vollen Stunde von der Kunstuhr des Turmes sein Lied. Einmal im Jahr, zum Johannisfest, steigt er von seinem Turm, um den Festzug anzuführen. Der **Nikolaiturm** bietet einen herrlichen Blick über den Eschweger Stadtkern und der **Bismarckturm** auf dem Leuchtberg einen weitschweifenden Blick ins Werratal, zum Hohen Meißner (754 m) und zur Hessischen Schweiz (530 m).

Wir fahren über den Markt, in die Marktstraße, bis sie auf eine Fußgängerzone stößt. (Achtung: Rad etwa 300 m schieben!) Am Ende der Marktstraße

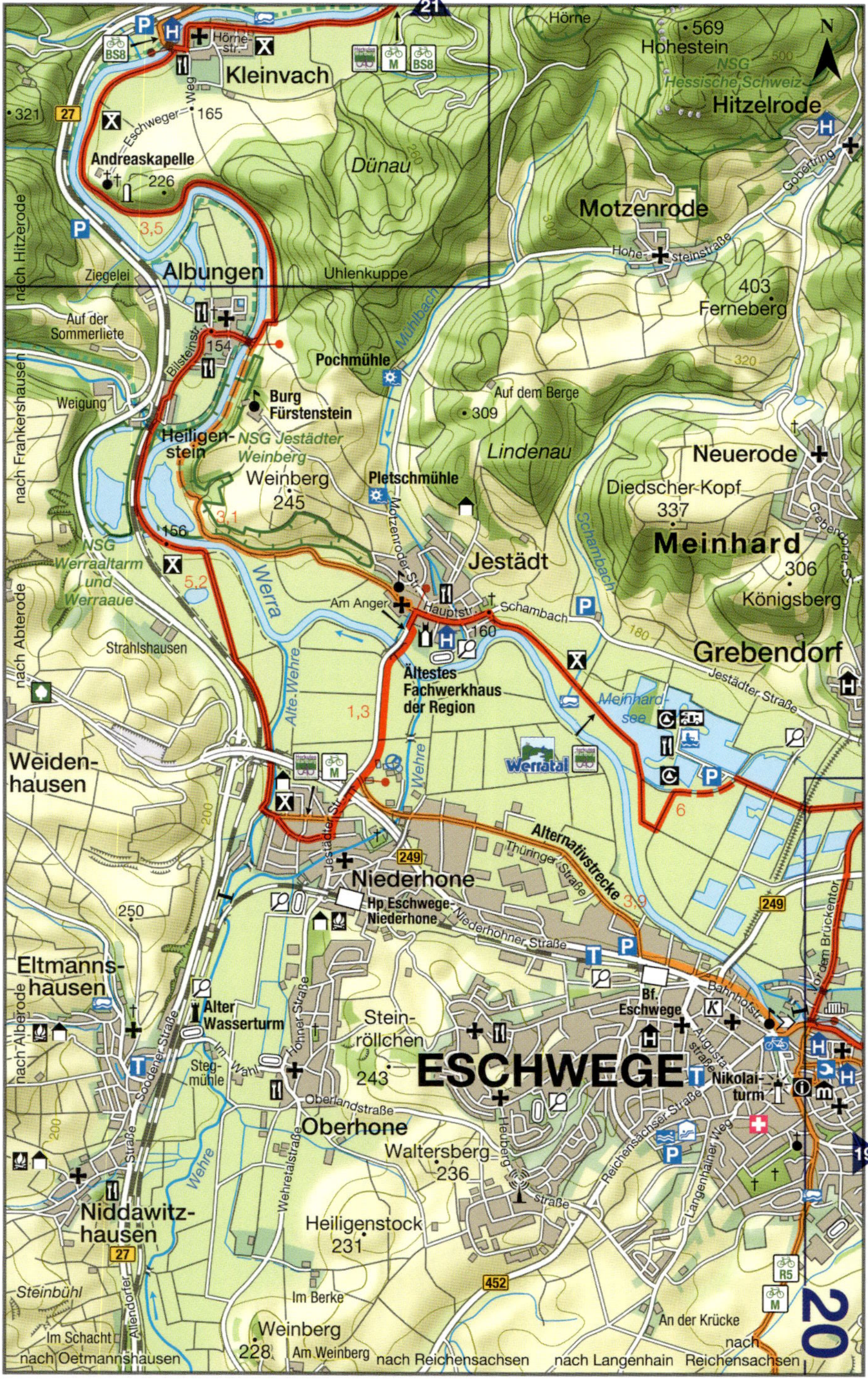

20
21
19
N
Kleinvach
Hörne-str.
Eschweger Weg
165
321
27
Andreaskapelle
226
Dünau
Albungen
Ziegelei
Uhlenkuppe
Auf der Sommerliete
154
Bilsteinstr.
Pochmühle
Mühlbach
Burg Fürstenstein
309
Auf dem Berge
Heiligenstein
NSG Jestädter Weinberg
Weinberg
245
Pletschmühle
Lindenau
Weigung
NSG Werraaltarm und Werraaue
156
Werra
Motzenroder Str.
Jestädt
Am Anger
Hauptstr.
160
Schambach
Ältestes Fachwerkhaus der Region
Strahlshausen
Alte Wehre
Wehre
Weidenhausen
Jestädter Str.
Niederhone
249
Hp Eschwege-Niederhone
Thüringer Straße
Alternativstrecke
Niederhohner Straße
Bf. Eschwege
Bahnhofstr.
Augustastraße
Nikolaiturm
ESCHWEGE
Reichensachser Straße
Langenhainer Weg
Heuberg
Straße
Waltersberg
236
Steinröllchen
243
Oberhone
Oberlandstraße
Höhner Straße
Wehretalstraße
Heiligenstock
231
Alter Wasserturm
Im Wahl
Stegmühle
Soodener Straße
250
Eltmannshausen
Niddawitzhausen
Allendorfer Straße
Steinbühl
Im Schacht
Im Berke
Weinberg
228
Am Weinberg
452
An der Krücke
Hörne
569
Hohestein
NSG Hessische Schweiz
Hitzelrode
Goberring
Motzenrode
Hohesteinstraße
403
Ferneberg
Neuerode
Diedscher Kopf
337
Meinhard
306
Königsberg
Grebendorfer St.
Grebendorf
Jestädter Straße
Meinhardsee
Werratal
Vor dem Brückentor
nach Hitzerode
nach Frankershausen
nach Abterode
nach Albarode
nach Oetmannshausen
nach Reichensachsen
nach Langenhain
3,5
3,1
5,2
1,3
6
3,9

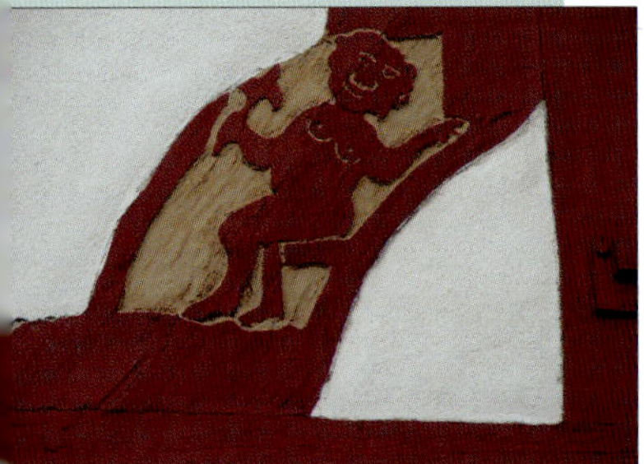

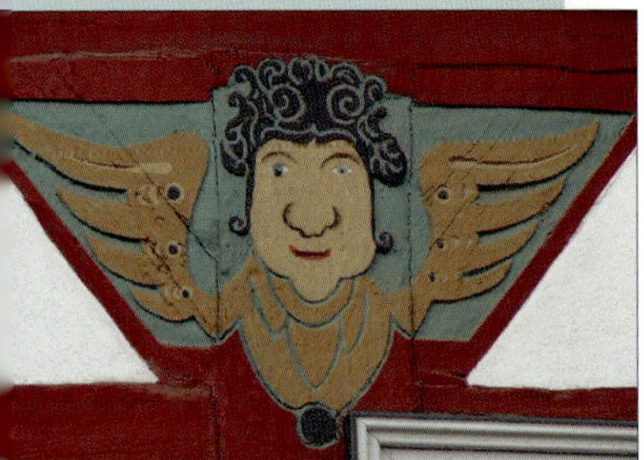

Flachschnitzerei in Eschwege

geht es nach rechts und weiter bis zur Werrabrücke, die wir überqueren, um noch einen weiteren Werraarm zu kreuzen. Geradeaus verlassen wir Eschwege, überqueren mittels Brücke die B 249 und gelangen nach Grebendorf. An der ersten Kreuzung im Ort biegen wir links in den Ziegelweg. Anfangs ist der Weg asphaltiert, dann biegen wir nach links auf einen Kieselweg, der am Feldrain entlang führt. Im nächsten Ort **Jestädt** schwenken wir links auf die Hauptstraße. Kurz vor der Kirche zweigen wir nach links Richtung Bad Sooden-Allendorf.

Abstecher:
Man kann den nun folgenden etwas eintönigen Weg bis Niederhone abkürzen, indem man an der Kirche vorbei auf eine kleine Straße Richtung **Burg Fürstenstein** radelt. Bevor der Weg steil zur Burg ansteigt zweigt man auf einen kleinen Pfad nach links und radelt entlang der Werra bis man an einer Fußgänger- und Radbrücke wieder auf den Werratal-Radweg stößt. (Die Burg ist heute in Privatbesitz und wird bewohnt. Eine Besichtigung ist daher nur von außen möglich.)

In **Niederhone** fährt man nach der Überquerung der Schnellstraße geradeaus und biegt nach rechts in die Weidenhäuser Straße ein, die bis zur Eltmannshäuser Straße führt. (Wendet man sich hier links gelangt man zum Bahnhof Eschwege-West.) Wir biegen nach rechts, unterqueren die Schnellstraße und bewegen uns auf **Albungen** und die **Burg Fürstenstein** zu. Im Ort folgen wir der Bilsteinstraße, die gerade in die etwas unscheinbare Fährgasse übergeht. Nach der Fußgängerbrücke wenden wir uns nach links auf den Radweg, der durch das immer weiter werdende Werratal im Bereich des Naturparks Meißner-Kaufunger Wald führt. In **Kleinvach** nicht über die Brücke, sondern nach rechts versetzt in die Fährgasse. Nach einem Knick nach rechts geht es auf der Hörnestraße auf eine kleine asphaltierte Straße entlang der Werra. Nach dem Fischerstübchen radeln wir rechts und gleich wieder links durch die Felder bis nach **Allendorf**. Auf der Rothesteinstraße gelangen wir zum Steintor mit dem „Brunnen vor dem Tore“. Dahinter erwartet uns die Altstadt von Allendorf mit kleinen, dicht aneinander gereihten Fachwerkhäusern und schmalen Straßen. Die Ackerstraße endet am Marktplatz. Wir radeln links nach unten und geradeaus hinein in die Mühlgasse.

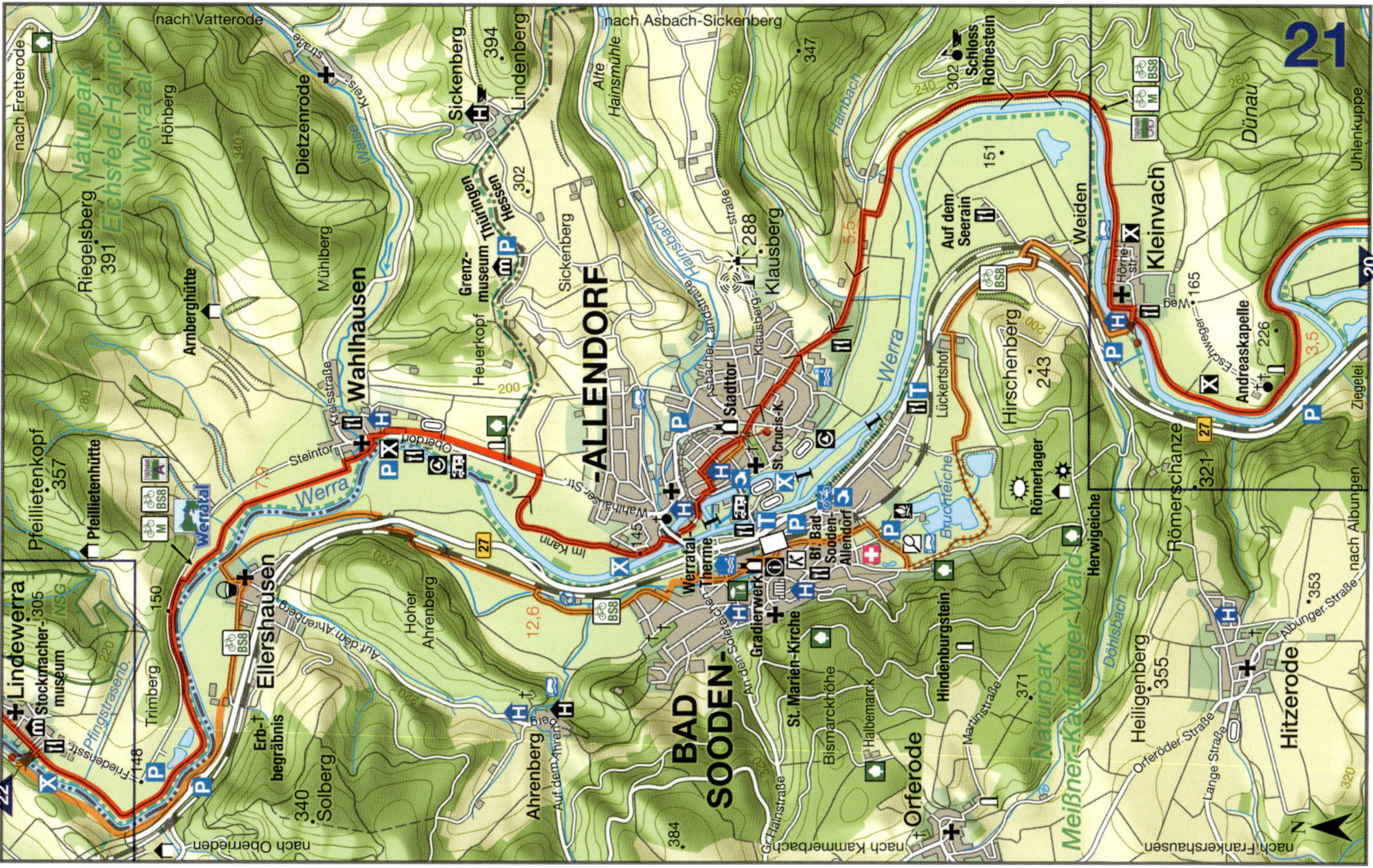

21
BAD SOODEN-ALLENDORF
Werra
Wahlhausen
Ellershausen
Lindewerra
Kleinvach
Orferode
Hitzerode
Sickenberg
Dietzenrode
Naturpark Eichsfeld-Hainich-Werratal
Naturpark Meißner-Kaufunger-Wald
nach Vatterode
nach Asbach-Sickenberg
nach Fretterode
nach Oberrieden
nach Kammerbach
nach Frankershausen
nach Albungen
Schloss Rothestein
Grenzmuseum
Thüringen
Hessen
Stadttor
St. Crucis-K.
St. Marien-Kirche
Gradierwerk
Werratal-Therme
Bf. Bad Sooden-Allendorf
Hindenburgstein
Römerlager
Herwigeiche
Andreaskapelle
Arnberghütte
Pfeillietenhütte
Stockmacher-museum
Erb-begräbnis
Riegelsberg 391
Pfeillietenkopf 357
Lindenberg 394
Klausberg 288
Hirschenberg 243
Römerschanze 321
Heiligenberg 355
Solberg 340
Ahrenberg
Hoher Ahrenberg
Bismarckhöhe
Heuerkopf
Trimberg
Höhberg
Mühlberg
Dünau
Uhlenkuppe
Weiden
Auf dem Seerain
Lückertshof
Bruchteiche
Döhlsbach
Hainbach
Hainsbach
Walse
Alte Hainsmühle
Ziegelei
Steintor
Wahlhäuser Str.
Im Kann
NSG
27
12,6
7,9
5,5
3,5
20
22

7. Etappe Von Eschwege nach Hann. Münden (61 km)

37242 Bad Sooden-Allendorf

ⓘ **Touristinformation**
Tel.: 05652 / 95870

Salzmuseum im Söder Tor
Tel.: 05652 / 2556

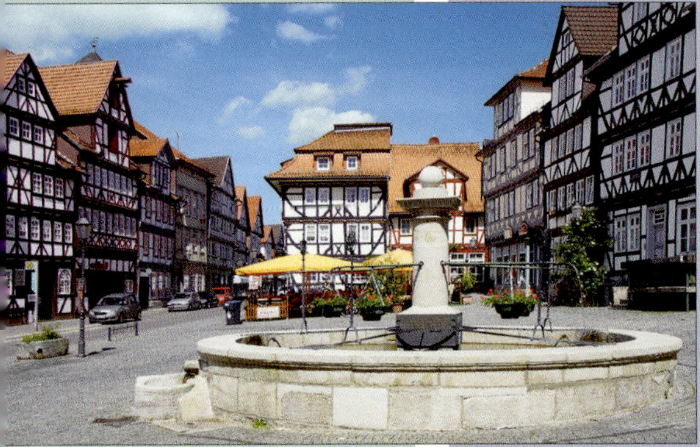

Marktplatz von Allendorf

Abstecher:
Nach **Bad Sooden** geht es vom Markt aus nach links in die Kirchstraße. An der nächsten Kreuzung schwenken wir nach rechts in die Bahnhofstraße, die über zwei Brücken zum Gradierwerk von Bad Sooden führt.

Bad Sooden-Allendorf
Salzgewinnung und Salzhandel haben den beiden Städten seit dem 13. Jahrhundert zu Ansehen und Reichtum verholfen. Mit der Aufhebung des Salzmonopols 1866 fand diese Blütezeit ein jähes Ende. Während die Saline an Bedeutung verlor, wurde die Nutzung der Solequellen entdeckt. Bad Sooden wandelte sich vom Ort des Salzsiedens zum Soleheilbad. Das 1638 angelegte Gradierwerk ist noch heute Bestandteil des 1818 offiziell gegründeten Heilbades. Die heilende Wirkung der Sole wird besonders bei Haut- und Atemwegserkrankungen eingesetzt. Die Werratal-Therme und der Kurpark unterstützen die Heilung. Den Hintergrund zum Kurbetrieb bilden komplett erhaltene Straßenzüge malerischer Fachwerkarchitektur. Alljährlich zu Pfingsten lädt die Stadt zum Brunnenfest ein.

An der T-Kreuzung geht es nach rechts unten in den Steinweg, am Wehr vorbei auf einen Schotterweg. Wir halten uns dicht an der Werra, an einer T-Kreuzung nach einer Unterführung nach links. Nach einem kurzen Stück durch die Felder, verläuft der Weg rechts neben der L 1003 nach **Wahlhausen**. An der Kirche links und auf dem nagelneuen Radweg geradewegs zur nächsten Werrabiegung, am linken Ufer das Dörfchen Ellershausen und entlang der Werra bis ins Stockmacherdorf **Lindewerra**.

Hier biegen wir nach links in die Straße der Einheit. Vor der Werrabrücke geht es nach rechts in die Straße Am Rasen.

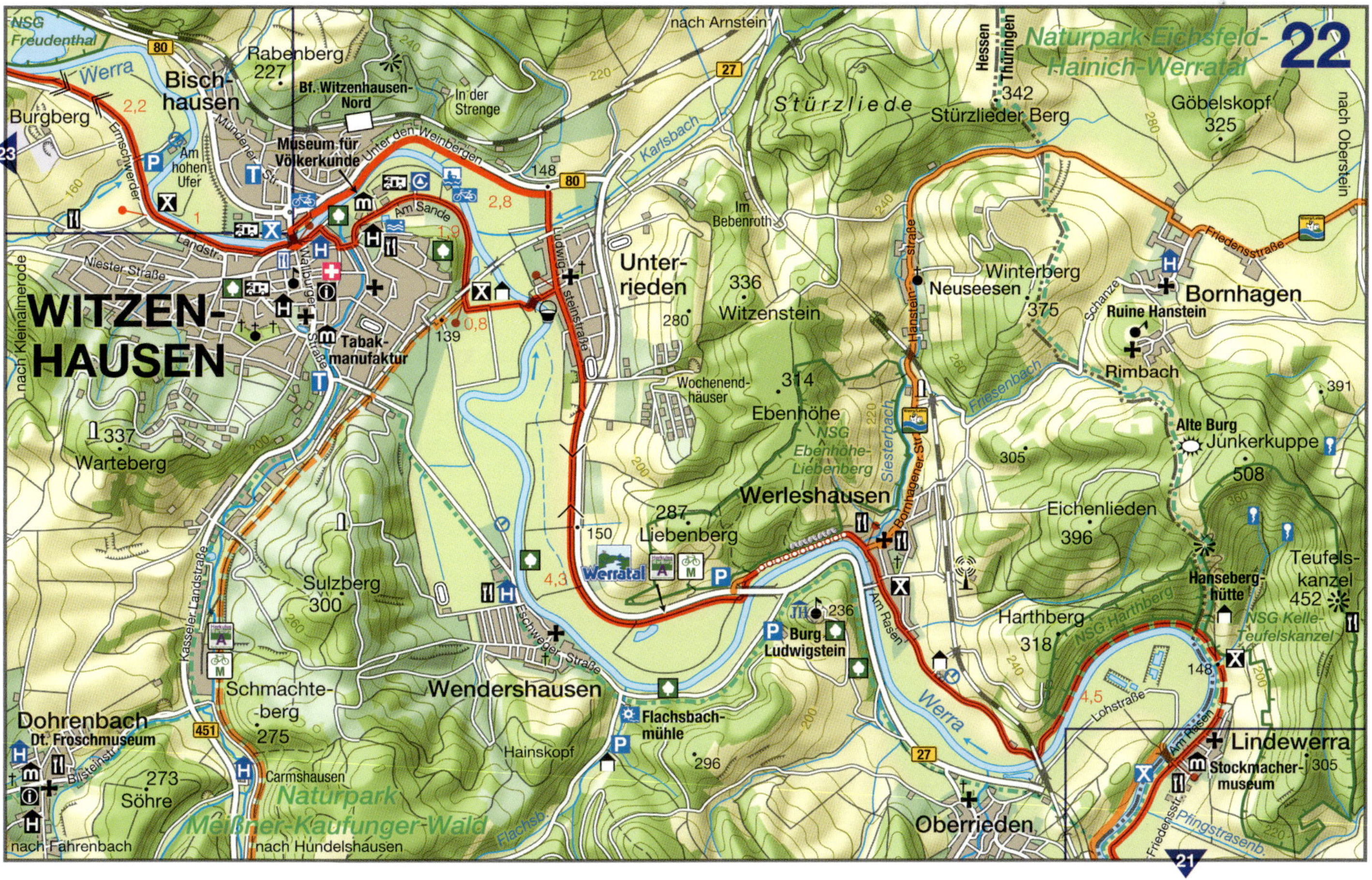
22
23
21
NSG Freudenthal
Werra
Bischhausen
Rabenberg 227
Bf. Witzenhausen-Nord
In der Strenge
nach Arnstein
Stürzliede
Stürzlieder Berg
Hessen
Thüringen
342
Naturpark Eichsfeld-Hainich-Werratal
Göbelskopf 325
nach Oberstein
Burgberg
Ermschwerder
Am hohen Ufer
Mündener Str.
Museum für Völkerkunde
Unter den Weinbergen
Karlsbach
Am Sande
Landstr.
Niester Straße
Walburger Straße
WITZEN-HAUSEN
Tabakmanufaktur
nach Kleinalmerode
Unterrieden
Ludwigsteinstraße
Im Bebenroth
336 Witzenstein
280
Wochenendhäuser
314 Ebenhöhe
NSG Ebenhöhe-Liebenberg
Siesterbach
Hanstein-straße
Neuseesen
Winterberg
375
Schanze
Friedensstraße
Bornhagen
Ruine Hanstein
Rimbach
Friesenbach
391
Alte Burg
Junkerkuppe
508
305
Eichenlieden 396
337 Warteberg
Werleshausen
Bornhagener Str.
287 Liebenberg
150
Werratal
Sulzberg 300
Kasseler Landstraße
Schmachteberg 275
Wendershausen
Eschweger Straße
Flachsbachmühle
Hainskopf
296
Burg Ludwigstein
236
Am Rasen
Harthberg 318
NSG Harthberg
Hanseberghütte
Teufelskanzel 452
NSG Kelle-Teufelskanzel
148
Lohstraße
Am Rasen
Lindewerra
Stockmachermuseum
305
Friedensstr.
Pfingstrasenb.
Oberrieden
Dohrenbach
Dt. Froschmuseum
Bilsteinstr.
273 Söhre
Carmshausen
Naturpark Meißner-Kaufunger Wald
Flachsb.
nach Fahrenbach
nach Hundelshausen
80
27
451
2,2
1
2,8
1,9
0,8
139
4,3
4,5

Von Eschwege nach Hann. Münden (61 km)

37318 Lindewerra
Stockmacher-museum
Tel.: 036087 / 98300 oder 98310

Das Flusstal, welches sich nun vor uns auftut, lässt an alte Heimatlieder denken. Nach diesem idyllischen Stück gelangen wir nach **Werleshausen**. Oben auf der Anhöhe sehen wir die Burg Ludwigstein liegen.

Die spätmittelalterliche **Burg Ludwigstein** ist noch heute ein Symbol der frühen Jugendwanderbewegungen. 1920 wurde sie von Jugendgruppen erworben und als lebendiges Ehrenmal der im Ersten Weltkrieg gefallenen **Wandervögel** wieder errichtet. Ein Archiv und eine ständige Ausstellung geben Auskunft über die Entwicklung der Jugendbewegung von den Anfängen bis heute. Um den Erhalt der Burganlage kümmert sich die Burgbauhütte, die von Wandervogel- und Pfadfindergruppen aus ganz Deutschland betrieben wird.

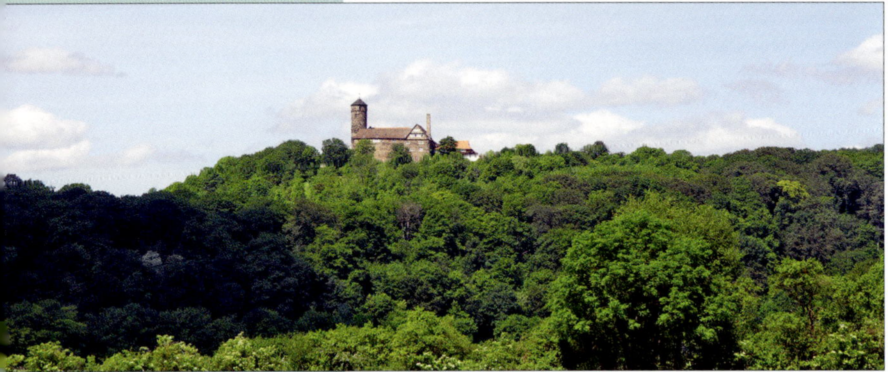

Burg Ludwigstein

Wir folgen dem Werraverlauf und biegen am Ende des Dorfes nach links. Nach etwa einem Kilometer unterqueren wir die B 27, und folgen ihr auf einem Radweg bis kurz vor Unterrieden. Hier entfernt sich der Radweg nach links von der sehr belebten Bundesstraße. Im Ortskern biegen wir nach links in die Mühlstraße und radeln über die Brücke. Kurz darauf geht es nach rechts unter einer alten Eisenbahnbrücke hindurch. In **Witzenhausen** werden wir von Versuchsanlagen und Lehrgärten der dort ansässigen Universität der ökologischen Agrarwissenschaften empfangen. An der T-Kreuzung biegen wir rechts, überqueren einen kleinen Bach und gleich wieder rechts in die Straße An der Fährgasse. Der Weg führt nach einigen hundert Metern durch einen Fußgängertunnel. Durch ihn gelangt man links in die Fußgängerzone der Altstadt.

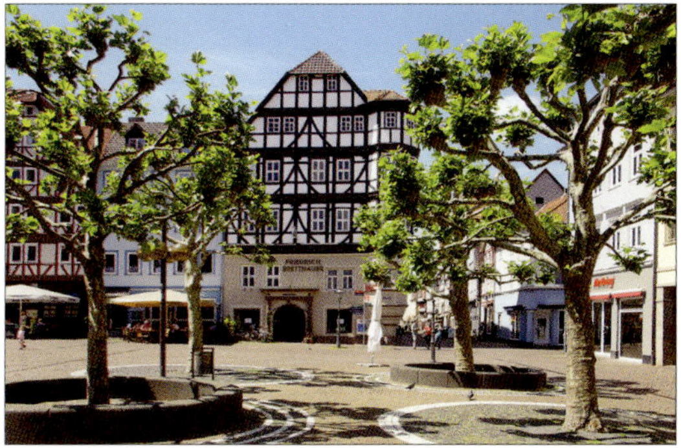

Am Markt von Witzenhausen

Witzenhausen trägt zwei Attribute vor seinem Namen: Kirschen- und Universitätsstadt. Das erste verweist auf seine Lage: die Stadt befindet sich inmitten eines der größten Kirschanbaugebiete Deutschlands. Alljährlich im Juli wird die Kesperkirmes (Kesper=Kirsche) gefeiert, bei der eine Kirschenkönigin gewählt wird. Ein interaktiver „Kirschenerlebnispfad" vermittelt den Besuchern viel Wissenswertes rund um die Kirsche. Den Ruf der kleinsten Universitätsstadt Deutschlands verdankt sie der Universität Kassel. Witzenhausen ist ihr Außenstandort und bietet international den Studiengang der ökologischen Agrarwissenschaften an. Die ehemalige „Deutsche Kolonialschule" wurde 1898 gegründet. Dort wurden staatlich-geprüfte Kolonialwirte für eine Übersiedlung in die Kolonien vorbereitet. 1956 wurde sie zum „Deutschen Institut für tropische und subtropische Landwirtschaft" und der Universität Kassel angegliedert. Hier kann man den in Deutschland einzigartigen Studiengang Ökologische Agrarwissenschaften belegen. Dass 1983 die Biotonne hier erfunden wurde, ist daher nicht verwunderlich. Das Tropengewächshaus der Universität und das Völkerkundemuseum können besichtigt werden.

Auf dem Dammweg führt am Ufer der Werra unser Radweg aus der Stadt heraus. Der Werratal-Radweg verläuft nun entlang der Landstraße L 3238 bis nach **Ermschwerd**. Im Ort radeln wir auf der Durchgangsstraße, bis am Ortsende der Radweg nach rechts zur Werra abbiegt. In **Blickershausen** zweigt man vor der Kirche nach rechts in die

37213 Witzenhausen
ⓘ **Touristinformation**
Tel.: 05542 / 60010

Völkerkundliches Museum
Tel.: 05542 / 607-0

Tabakmuseum
Tel.: 05542 / 911617

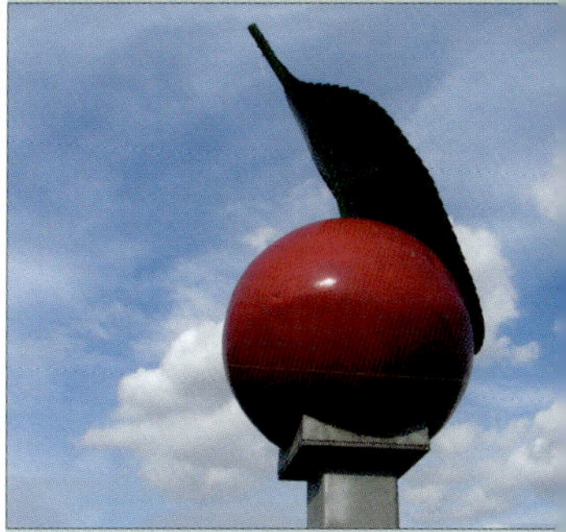

Im Zeichen der Kirsche – in Witzenhausen

Von Eschwege nach Hann. Münden (61 km)

34346 Hann. Münden
ⓘ **Touristik Naturpark Münden**
Tel.: 05541 / 75343
Städtisches Museum im Welfenschloss
Tel.: 05541 / 75202

Hedemündener Straße. Am Ortsende geht es nach links bergan. Wir rollen hinab bis zur nächsten Kreuzung, überqueren sie und auch die Grenze zu Niedersachsen und setzten unseren Weg geradeaus fort. In **Oberode** folgen wir dem Straßenverlauf der K211. Nach Unterquerung der Bahnlinie gelangt man auf eine kleine Asphaltstraße neben der nun schon sehr breiten Werra.

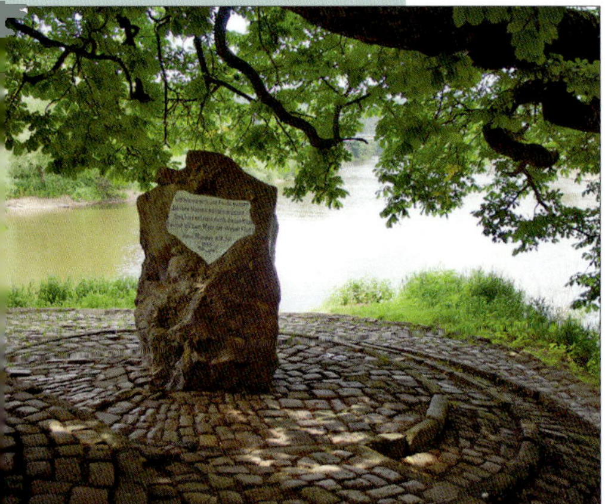

Unter einer mächtigen Kastanie – der Weserstein

Der Radweg mündet auf die Straße An den Marwiesen, der wir bis zur Linkskurve folgen. Nach rechts geht es in den asphaltierten Weg unter der Autobahnbrücke hindurch. Die Zielgerade zur Mündung der Werra führt nun an einem Holzlagerplatz vorbei durch den Wald. Nach dem Wasserkraftwerk von Hann. Münden durchqueren wir eine Kleingartensiedlung und gelangen auf der Straße Im Schulzenrode unter einer Brücke hindurch zur Straße Vor der Bahn, von dort geht es links zum Bahnhof. Um die Werra auf ihren letzten Metern zu begleiten, fahren wir geradeaus in den Werraweg, welcher in den Dielengraben übergeht. An der Kaimauer der Straße Wanfrieder Schlagd, geht es noch einmal nach links in die Bremer Schlagd und über die Fußgängerbrücke zur Insel Tanzwerder. An der äußersten, nördlichen Spitze dieser kleinen Insel steht der Weserstein mit seiner berühmten Inschrift:

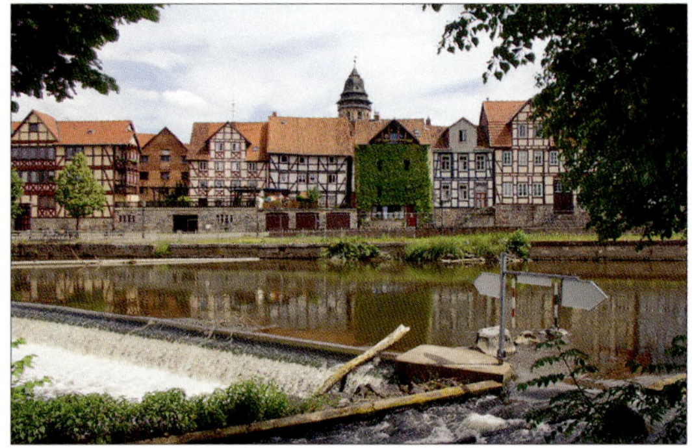

Werrawehr in Hann. Münden

Wo Werra sich und Fulda küssen
Sie ihre Namen büssen müssen.
Und hier entsteht durch diesen Kuss
Deutsch bis zum Meer der Weser Fluss.

Hann. Münden d. 31. Juli 1899

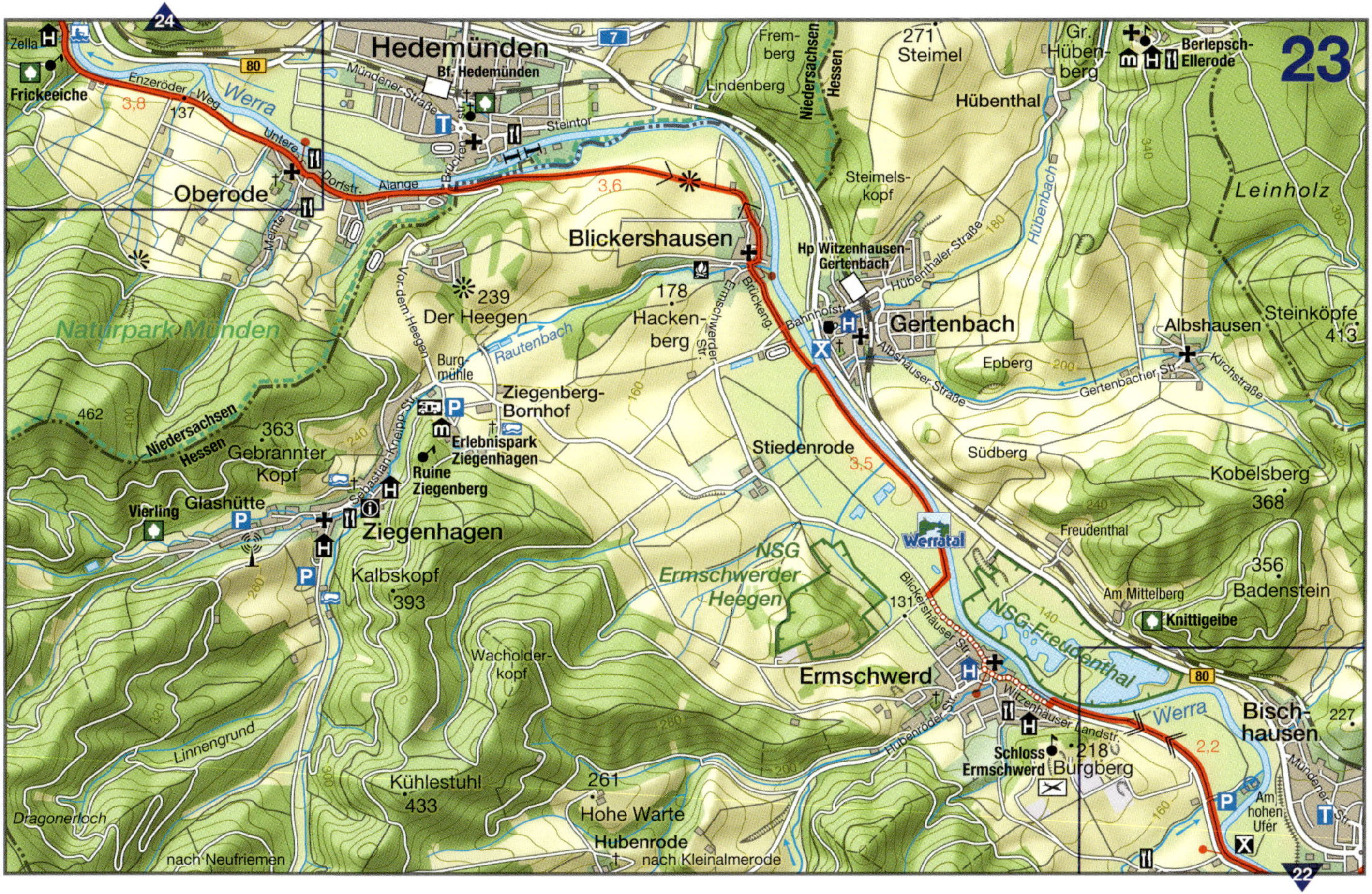
23
24
22
Hedemünden
Bf. Hedemünden
Mündener Straße
Steintor
Brückenstr.
Zella
Frickeeiche
Enzeröder Weg
Werra
137
3,8
Untere Dorfstr.
Alange
Oberode
Meinte
Fremberg
Lindenberg
271
Steimel
Niedersachsen
Hessen
Gr. Hübenberg
Berlepsch-Ellerode
Hübenthal
Steimelskopf
Leinholz
3,6
Blickershausen
Hp Witzenhausen-Gertenbach
Hübenthaler Straße
Hübenbach
180
239
Der Heegen
Vor dem Heegen
178
Hackenberg
Ermschwerder Str.
Brückeng.
Bahnhofstr.
Gertenbach
Albshausen
Steinköpfe
413
Naturpark Münden
Rautenbach
Burgmühle
Albshäuser Straße
Epberg
200
Gertenbacher Str.
Kirchstraße
Ziegenberg-Bornhof
160
462
400
Niedersachsen
Hessen
363
Gebrannter Kopf
240
Sebastian-Kneipp-Str.
Erlebnispark Ziegenhagen
Ruine Ziegenberg
Stiedenrode
3,5
Südberg
Kobelsberg
368
Vierling
Glashütte
Ziegenhagen
Werratal
240
Freudenthal
NSG Ermschwerder Heegen
356
Am Mittelberg
Badenstein
Knittigeibe
Kalbskopf
393
260
131
Blickershäuser Str.
NSG Freudenthal
140
Wacholderkopf
Ermschwerd
80
Werra
Bischhausen
227
Hubenröder Str.
Witzenhäuser Landstr.
2,2
320
Linnengrund
300
280
218
Schloss Ermschwerd
Burgberg
Mündener Str.
Kühlestuhl
433
261
Hohe Warte
200
160
Am hohen Ufer
Dragonerloch
Hubenrode
nach Neufriemen
nach Kleinalmerode
7
80

Von Eschwege nach Hann. Münden (61 km)

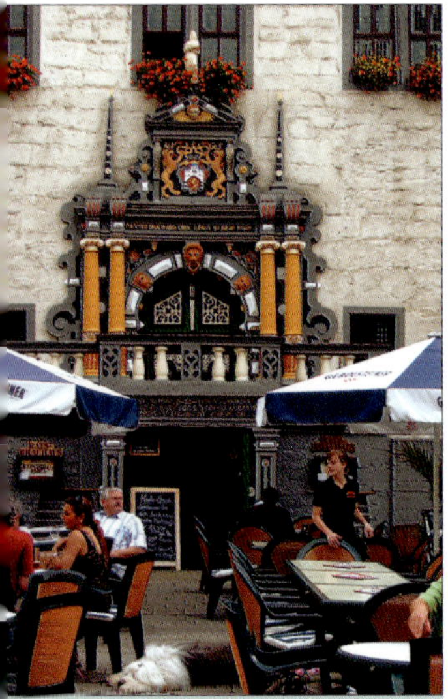

Vor dem Rathaus in Hann. Münden

Hann. Münden

Ehemals unter dem Namen Hannoversch Münden bekannt, trägt die Mündungsstadt seit 1990 offiziell den Namen Hann. Münden. Die günstige strategische Lage der Drei-Flüsse-Stadt wurde schon im Mittelalter genutzt. Hann. Münden war der wichtigste Handelsplatz vor Bremen, vor allem für Waren aus Thüringen. Das Stapelrecht, welches u. a. Händler zwang, ihre Ware in der Stadt für einige Tage feilzubieten, ehe sie weiterziehen konnten, verhalf der Stadt zu großem Aufschwung. Ab dem 16. Jahrhundert spiegelte sich dieser Wohlstand in einer eigenen Architektur, der sogenannten **Weserrenaissance**, wider. Statt der strengen Gliederung des italienischen Vorbildes, herrscht hier ein reich ausgeprägter Ornamentschmuck vor. Das **Rathaus** und das **Welfenschloss** repräsentieren diesen Stil. Im mittelalterlichen Stadtkern findet sich auch das Sterbehaus des legendären Doktors Eisenbart. Wer den Doktor kennen lernen möchte, kann dies u. a. bei Stadtführungen sowie in der „kleinen Sprechstunde“ tun. Eine offene „Beke“, (ein kleiner Bach) in der Ziegelstraße, wie auch die interaktiven Wasserspiele auf den Innenstadtplätzen, sind ein Teil des Kunstprojekt der Expo 2000 „Wasserspuren sichtbar machen“.

Wir sind an unserem Ziel angekommen. Wer weiter fahren möchte, kann sich an den Fulda-Radweg halten oder sich Richtung Norden auf den Weser-Radweg, bzw. Weser-Harz-Heide-Radfernweg begeben. Bahnfahrer haben Anschluss nach Kassel, Göttingen und nach Erfurt.

→ „Reisen mit der Bahn“ S. 8

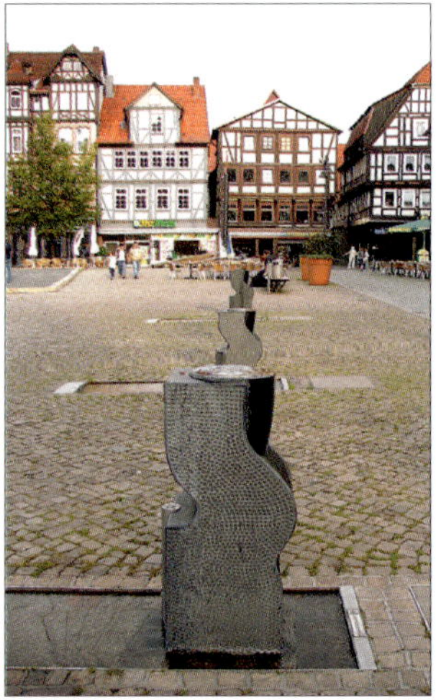

Im Zeichen des Wassers – Skulptur in Hann. Münden

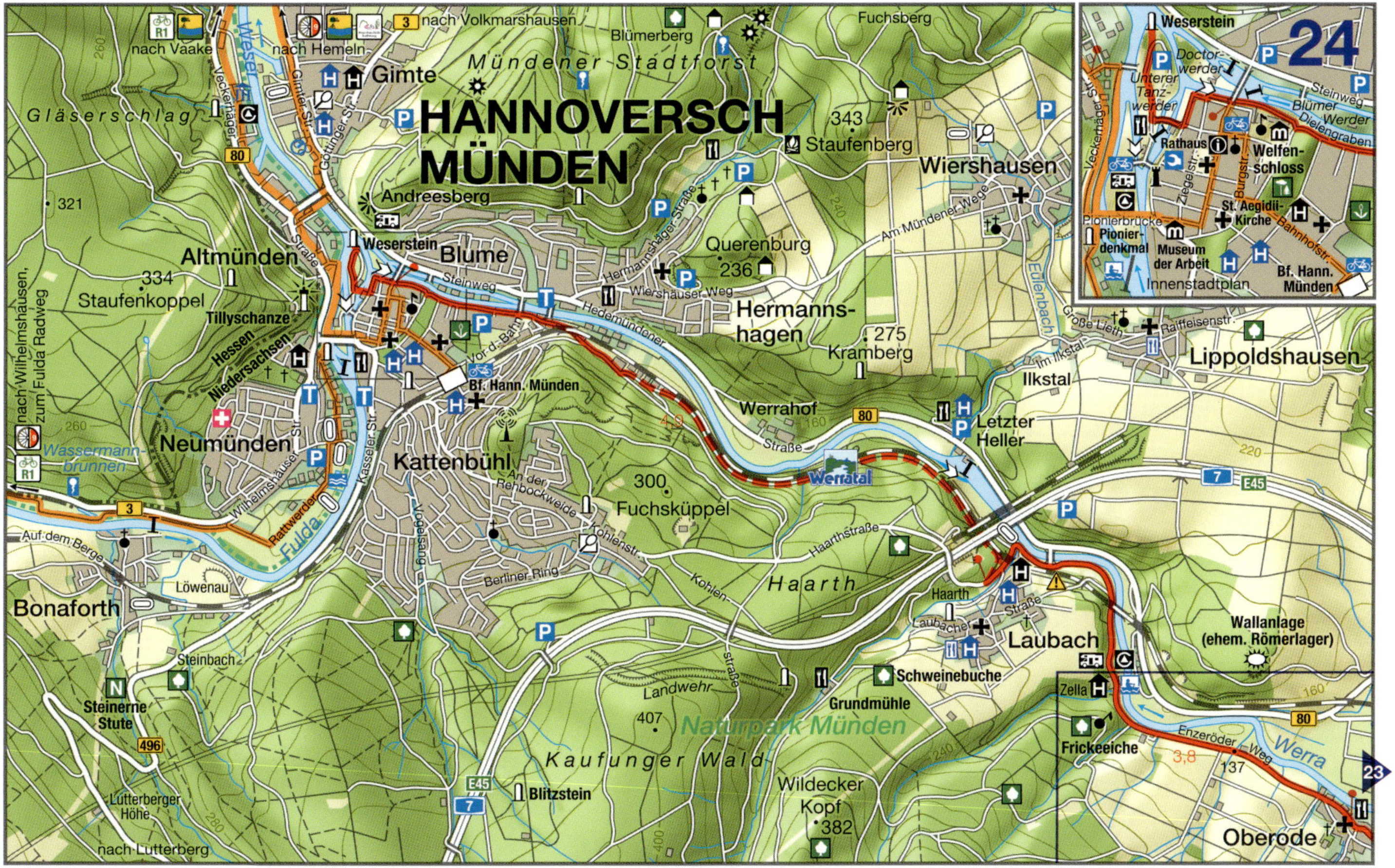
24
HANNOVERSCH MÜNDEN
Gimte
Mündener Stadtforst
Blümerberg
Fuchsberg
nach Volkmarshausen
nach Vaake
nach Hemeln
Gläserschlag
Staufenberg
Wiershausen
Andreesberg
Weserstein
Blume
Altmünden
Staufenkoppel
Tillyschanze
Hessen
Niedersachsen
Querenburg
236
343
Hermannshagen
Kramberg
275
Lippoldshausen
Ilkstal
Werrahof
Letzter Heller
Neumünden
Kattenbühl
Wassermann-brunnen
nach Wilhelmshausen, zum Fulda Radweg
Fuchsküppel
300
Werratal
Bf. Hann. Münden
Haarth
Laubach
Wallanlage (ehem. Römerlager)
Bonaforth
Löwenau
Auf dem Berge
Steinbach
Steinerne Stute
Schweinebuche
Grundmühle
Zella
Frickeeiche
Naturpark Münden
Kaufunger Wald
Landwehr
407
Blitzstein
Wildecker Kopf
382
Lutterberger Höhe
nach Lutterberg
Oberode
Enzeröder Weg
137
Werra
Fulda
Weser
321
334
23
Innenstadtplan
Doctorwerder
Unterer Tanzwerder
Blümer Werder
Rathaus
Welfenschloss
St. Aegidii-Kirche
Pionierbrücke
Pionierdenkmal
Museum der Arbeit
Bf. Hann. Münden
Dielengraben
Bahnhofstr.
Burgstr.
Ziegelstr.
Veckerhager Str.
Steinweg

Überregionale Informationsstellen

Für den gesamten Werratal Radweg: → Seite 108

36433 Bad Salzungen
Werratal Touristik e.V.
Geschäftsstelle
Am Flößrasen 1
Tel.: 03695 / 6934-29, 6934-20
Fax: 8619680
E-Mail: info@werratal.de
www.werratal.de

weitere überregionale Informationsstellen:

99947 Bad Langensalza
Hainichland
Vor dem Westtor 1
Tel.: 03603 / 88275-90
Fax: 88275-91
www.hainichland.de

99947 Bad Langensalza
Nationalparkverwaltung Hainich
Bei der Marktkirche 9
Tel.: 03603 / 39070, Fax: 390720
www.nationalpark-hainich.de

37269 Eschwege
Werratal Tourismus Marketing
Niederhoner Straße 54
Tel.: 05651 / 992330
Fax: 99 23 39
www.urlaub-werratal.nordhessen.de

37318 Fürstenhagen
Naturpark Eichsfeld-Hainich-Werratal
Dorfstraße 40
Tel.: 036083 /466-3, Fax: 466-41
www.naturpark-ehw.de

98617 Vachdorf
Agentur Kulturlandschaftspark
Oberes Werratal
Hessenstraße 37
Tel.: 01520 / 8 68 05 33
kulturlandschaftspark@web.de

Regionale Informationsstellen *(alphabetisch geordnet)*

36433 Bad Salzungen
Sole Heilbad
Kurverwaltungsgesellschaft
Am Flößrasen 1
Tel.: 03695 / 6934-0
www.badsalzungen.de

37242 Bad Sooden-Allendorf
Touristinformation
Landgraf-Philipp-Platz 1-2
Tel.: 05652 / 9587-0
Fax: 9587109
www.bad-sooden-allendorf.de

36456 Barchfeld-Immelborn
Gemeinde Barchfeld-Immelborn
Nürnberger Straße 63
Tel.: 036961 / 475-0
www.barchfeld-werra.de

99837 Berka/Werra
Rathaus
Markt 1
Tel.: 036922 / 330, Fax: 33210
www.vg-berka-werra.de

98597 Breitungen
Gästeinformation
Rathausstraße 22
Tel.: 036848 / 88221, Fax: 88232
www.breitungen.de

99831 Creuzburg
Touristinformation
Burg Creuzburg
Tel.: 036926 / 98047
www.creuzburg-online.de

99817 Eisenach
Eisenach Wartburgregion Touristik GmbH
Markt 24 im Stadtschloss
Tel.: 03691 / 79230, Fax: 792320
www.eisenach.de

98673 Eisfeld
Touristinformation
Markt 2 / Schloss
Tel.: 03686 / 300308
Fax: 615617
www.stadt-eisfeld.de

37269 Eschwege
Touristinformation Eschwege - Meinhard
Hospitalplatz 16
Tel.: 05651 / 331985, Fax: 50291
www.werratal-tourismus.de

99834 Gerstungen
Einheitsgemeinde Gerstungen
Wilhelmstraße 53
Tel.: 036922 / 2450, Fax: 24550
www.gerstungen.de

34346 Hannoversch Münden
Touristik Naturpark Münden e. V.
Lotzestraße 2
Tel.: 05541 / 75-343, Fax: 75404
www.hann.muenden-tourismus.de

36266 Heringen
Heringen-Information
Dickesstraße 1
Tel.: 06624 / 919413
Fax: 919414
www.heringen.de

37293 Herleshausen
Gemeindeverwaltung Herleshausen
Bahnhofstraße 15
Tel.: 05654 / 98950, Fax: 989533
www.herleshausen.de

98646 Hildburghausen
Tourist-Information Hildburghausen
Markt 25
Tel.: 03685 / 4058-3
Fax: 405840
www.hildburghausen-info.de

36460 Krayenberggemeinde mit Dorndorf und Merkers
Touristinformation
Gemeindeverwaltung Dorndorf
Bahnhofstraße 11
Tel.: 036963 / 237-0
www.krayenberggemeinde.de

37318 Lindewerra
Gemeindeverwaltung Lindewerra
Straße zur Einheit 2
Tel.: 036087 / 98369
www.lindewerra.de

98617 Meiningen
Touristinformation
Markt 14
Tel.: 03693 / 44650, Fax: 446544
www.meiningen.de

99826 Mihla
Touristinformation
Marktstraße 18
Tel.: 036924 / 489830
Fax: 48 98 22
www.vg-mihla.de

98724 Neuhaus am Rennweg
Touristinformation
Marktstraße 3
Tel.: 03679 / 722061
Fax: 700228
www.neuhaus-am-rennweg.de

98617 Obermaßfeld-Grimmenthal
VG „Dolmar-Salzbrücke“
Einhäuser Straße 3
Obermaßfeld
Tel.: 036949 / 286-22
www.obermassfeld-grimmenthal.de

36269 Philippsthal
Marktgemeinde Philippsthal
Schloss 1
Tel.: 06620 / 92100
Fax: 921041
www.philippsthal.de

98590 Schwallungen
Gemeindeverwaltung Schwallungen
Lindenhöhe 10
Tel.: 036848 / 381-0, Fax: 20461
www.schwallungen.de

98660 Themar
Touristinformation
Schuhmarkt 6
Tel.: 036873 / 69732
www.themar.de

36469 Tiefenort
Gemeinde Tiefenort
Kirchplatz 5
Tel.: 03695 / 82760, Fax: 827622
www.tiefenort.de

Regionale Informationsstellen
(alphabetisch geordnet)

99830 Treffurt
Touristinformation
Puschkinstraße 3
Tel.: 036923 / 51542, Fax: 51546
www.treffurt.de

36404 Vacha
Verkehrsamt – Unterkunftsservice
Markt 4
Tel.: 036962 / 2610, Fax: 26117
www.vacha.de

98669 Veilsdorf
Gemeindeverwaltung Veilsdorf
Marktplatz 12
Tel.: 03685 / 68660, Fax: 686616
www.veilsdorf.de

37318 Wahlhausen
Gemeindeverwaltung Wahlhausen
An der Heier 21
Tel.: 036087 / 98679
www.wahlhausen.de

98639 Walldorf
Gemeinde Walldorf
Kressehof 1
Tel.: 03693 / 897345
Fax: 03693 / 897103
www.walldorf-werra.de

98634 Wasungen
Touristinformation
Untertor 1/ Damenstift
Tel.: 036941 / 71505
Fax: 036941 / 70775 oder 71505
www.wasungen.de

98590 Wernshausen
OT von 98574 Schmalkalden
Touristinformation
Auergasse 6–8
Tel. 03683 / 403182, Fax: 604014
www.schmalkalden.de

37213 Witzenhausen
Touristinformation
Ermschwerder Straße 2
Tel.: 05542 / 6001-0, Fax: 600123
www.kirschenland.de

Museen und kulturelle Einrichtungen
(Auswahl, alphabetisch geordnet)

36433 Bad Salzungen
Museum „Türmchen"
August-Bebel-Straße 69
Tel.: 03695 / 606249
(einmal monatl.)

Museum am Gradierwerk
An den Gradierhäusern 4
Tel.: 03695 / 693471
www.museum.badsalzungen.de

37242 Bad Sooden-Allendorf
Salzmuseum im Söder Tor
Rosenstraße 1–3
Tel.: 05652 / 2556 oder 95870
www.heimatkunde-bsa.de

98597 Breitungen
Aktivmuseum Ländliches
Brauchtum
Schloss 3
Tel.: 036848 / 81917 od. 88221
www.breitunger-basilika.de/

99831 Creuzburg
- Burg Creuzburg
  Tel.: 036926 / 98047
- Gottesackerkirche
  Ausstellung zum NP Hainich
  Tel.: 036926 / 98047

99817 Eisenach
- Lutherhaus
  Lutherplatz 8
  Tel.: 03691 / 29830
  Fax 03691 /298331
  www.lutherhaus-eisenach.de
  (bis Mitte 2015 Ausstellung im Creutznacher Haus)
- Thüringer Museum
  Stadtschloss
  Markt 24
  Tel.: 03691 / 670450
- Bachhaus
  Frauenplan 21
  Tel.: 03691 / 79340
  Fax: 03691 / 793424
  www.bachhaus.de
- Reuter-Wagner-Museum
  Reuterweg 2
  Tel.: 03691 / 743293
  Fax: 03691 / 743294
- Predigerkirche Sammlung „Mittelalterliche Kunst in Thüringen"
  Predigerplatz (Nähe Markt)
  Tel.: 03691 / 784678
- Automobile Welt Eisenach
  Friedrich-Naumann-Straße 10
  Tel.: 03691 / 77212

99817 Eisenach
- Goldener Löwe
  Marienstraße 57
  Tel.: 03691 / 882723
  Fax: 03691 / 75434
- Wartburg-Stiftung
  Auf der Wartburg 1
  Tel.: 03691 / 2500
  Fax: 03691 / 203342
  www.wartburg-eisenach.de

98673 Eisfeld
- Museum „Otto Ludwig" Eisfeld
  Markt 2, Schloss
  Tel.: 03686 / 300308
  Fax.: 03686 / 615617
  www.stadt-eisfeld.de
- Dichtergedenkstätte Otto Ludwig
  Otto-Ludwig-Garten
  Unterm Heinig
  www.stadt-eisfeld.de

37269 Eschwege
- Stadtmuseum
  Vor dem Berge 14a
  Tel.: 05651 / 331986
- Eschweger Zinnfigurenkabinett
  in der Kemenate
  Hospitalstraße 7
  Tel.: 05651 / 331985

99834 Gerstungen
- Werratalmuseum
  Sophienstraße 4
  Tel.: 036922 / 31433
- Ruine Brandenburg
  Tel.: 036927 / 90619
  www.die-brandenburg.de

34346 Hann. Münden
- Städtisches Museum im
  Welfenschloss
  Schlossplatz 5
  Tel.: 05541 / 75202 od. 348
- Museum der Arbeit im Hagelturm
  Eingang Radebrunnenstraße
  oder über Touristinfo
  Tel.: 05541 / 908749
- Tilly-Schanze
  Aussichtsturm
  Eingang üb. Waldgaststätte
  Tel.: 05541 / 1890
  Fax: 05541 / 73995
  www.tillyschanze.de

36266 Heringen
- Forstmuseum
  Siebertsberger Weg 16
  Tel.: 06674 / 241
- Werra-Kalibergbau-Museum
  Dickesstraße 1
  Tel.: 06624 / 919413
  Fax: 06624 / 919414
  www.kalimuseum.de

98646 Hildburghausen
- Stadtmuseum in der „Alten Post"
  Apothekergasse 11
  Tel.: 03685 / 403689
  Fax: 03685 / 406790
- Trützschler's Milch-
  und Reklamemuseum
  Knappengasse 26
  Tel.: 0 36 85 / 70 54 09

98726 Lauscha
Museum für Glaskunst
Straße des Friedens 46
Tel.: 036702 / 20724
Fax: 036702 / 30836
www.glasmuseum-lauscha.de

37318 Lindewerra
Stockmachermuseum
Straße zur Einheit 2
Tel.: 036087 / 98300 od. 98310
Fax: 036087 / 98301

98617 Meiningen
- Schloss Elisabethenburg –
  Meininger Museen
  Schlossplatz 1
  Tel.: 03693 / 503641
  Fax: 03693 / 503644
  www.meiningermuseen.de
- Literaturmuseum-Baumbach-
  haus
  Burggasse 22
  Tel.: 03693 / 502848
  www.meiningermuseen.de
- Theatermuseum „Zauberwelt
  der Kulisse"
  Schlossplatz 2
  Tel.: 03693 / 471290
  www.meiningermuseen.de
- Deutsche Bahn
  Fahrzeuginstandhaltung
  Dampflokwerk Meiningen
  Am Flutgraben 2
  Tel.: 03693 / 851602
  Fax: 03693 / 851603
  Führungen jeden 1. und 3.
  Samstag im Monat 10.00 Uhr
  www.dampflokwerk.de

98617 Meiningen
- Goetz-Höhle – größte begehbare Kluft- und Spalthöhle Europas
  Am Dietrich
  Tel.: 03693 / 503484
  Fax: 03693 / 47372
  www.goetz-hoehle.de
- Meininger Zweiradmuseum
  Landsberger Straße 144
  Tel.: 03693 / 42380
  www.mzm-ev.de
- Städtische galerie ada
  Bernhardstraße 3
  Tel.: 03693 / 502004
  Fax: 03693 / 471686
- Kunsthaus Alte Posthalterei
  Ernestinerstraße 14
  Tel.: 03693/ 882583
  www.kunsthaus-meiningen.de
- Das Meininger Theater
  Bernhardstraße 5
  Tel.: 03693 / 451222
  od. 451137
  Fax: 03693 / 451301
  www.das-meininger-theater.de

36460 Merkers (Krayenberggemeinde)
Erlebnis Bergwerk Merkers
Kali + Salz GmbH
Zufahrtsstraße 1
Tel.: 03695 / 614101
www.erlebnisbergwerk.de

99826 Mihla
„Museum im Rathaus Mihla"
(Adel, Bauern, Kriege in Westthüringen)
Marktstraße 18
Tel. 036924 / 489830

98724 Neuhaus am Rennweg
- Museum Geißlerhaus
  Sonneberger Straße 106
  Tel.: 03679 / 723143
  od. 0171 / 7931263
- Museum Neuhaus am Rennweg
  Marktstraße 3
  Tel.: 03679 / 7269702

98678 Sachsenbrunn
Märbelmühle/Murmelmuseum
Hauptstraße 157
Tel.: 03686 / 615262

37318 Asbach-Sickenberg
Grenzmuseum Schifflersgrund
Platz der Wiedervereinigung 1
Tel.: 036087 / 98409
www.grenzmuseum.de

99830 Treffurt
Burg Normannstein (Außengelände frei zugänglich)
Ausstellung „Werraburgen über Werrafurten":
Öffnungszeiten bitte erfragen unter 036923/51542 (Touristinfo)
www.treffurt.de

98660 Kloster Veßra
Hennebergisches Museum Kloster Veßra
Anger 35
Tel.: 036873 / 69030
Fax: 036873 / 69049
www.museumklostervessra.de

36404 Vacha
Burg Wendelstein
Untertor 8
Tel.: 036962 / 22839
www.museum-vacha.de

98639 Walldorf
Sandstein- und Märchenhöhle Walldorf
Marienstraße 6
Tel.: 03693 / 89910
www.sandsteinhoehle.de

37281 Wanfried
Städtisches Heimatmuseum
Dokumentationszentrum zur deutschen Nachkriegsgeschichte
Marktstraße 2
Tel.: 05655 / 8052

98634 Wasungen
- Stadtmuseum (ehem. Damenstift) und Thüringer Karnevalsmuseum (ehem. Damenstift)
  Untertor 1
  Tel.: 036941 / 71505
  Fax: 036941 / 70775
- Forstbotanischer Garten und Lehrpfad
  Borntal
  Tel.: 036941 /71505
  Fax: 036941 / 70775

37213 Witzenhausen
- Völkerkundliches Museum
  Steinstraße 19
  Tel.: 05542 / 607-0
  Fax: 05542 / 607-39
  www.ditsl.de
- Gewächshaus für tropische Nutzpflanzen der Uni Kassel
  Steinstraße 19
  Tel.: 05542 / 981231
  www.uni-kassel.de/agrar/tropengewaechshaus
- Tabakmuseum/Kautabakmanufaktur
  Walburger Straße 48
  Tel.: 05542 / 911617
  www.kruse-kautabak.de

37217 Ziegenhagen
Erlebnispark Ziegenhagen
Ziegenberg 3
Tel.: 05545 / 246
Fax: 05545 / 6372
www.erlebnispark-ziegenhagen.de

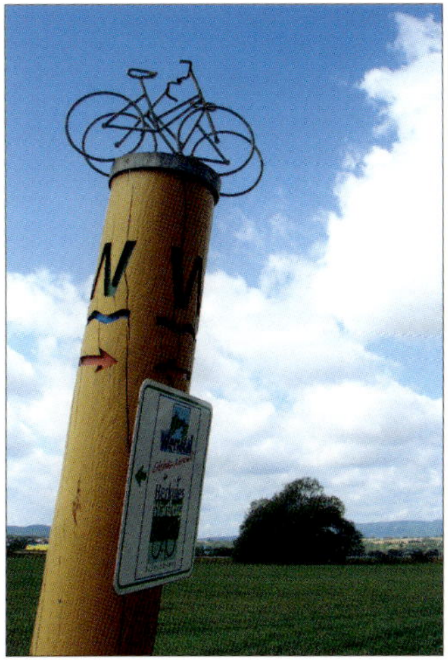

98724 Neuhaus / Rennweg
- Rennsteighotel Herrnberger Hof
  Eisfelder Straße 44
  Tel.: 03679 / 79200
- Hotel Schieferhof
  Eisfelder Straße 26
  Tel.: 03679 / 7740
  Jugendherberge
  Apelsbergstraße 61
  Tel.: 03679 / 722862

98678 Sachsenbrunn, OT Friedrichshöhe
Pension „Arnika“
Rennsteigstraße 4
Tel.: 036704 / 80621

98673 Eisfeld
Waldhotel Hubertus
Coburger Straße 501
Tel.: 03686 / 618880
nicht auf Karte

98646 Hildburghausen
Pension Thüringer Hof
Obere Braugasse 18
Tel.: 03685 / 4011548

98646 Hildburghausen - Ebenhards
Hotel Grüner Baum
Ebenhardser Dorfstraße 2
Tel.: 03685 / 409793

98646 Trostadt
Landhotel Klostermühle
Dorfstraße 2
Tel.: 036873 / 24690

98660 Themar
Gasthaus Grüner Baum
Markt 9
Tel.: 036873 / 60443

98617 Untermaßfeld
Zimmervermietung Knapp
Karl-Marx-Straße 15
Tel.: 036949 / 22593

98590 Wernshausen
- Gasthaus Feldschlösschen
  Heyersgasse 1
  Tel.: 036848 / 30057
- Gasthaus Zur Linde
  R.-Breitscheid-Straße 2
  Tel.: 036848 / 21796

98597 Breitungen
- Gasthaus Zur Linde
  Am Markt 5
  Tel.: 036848 / 81622
- Hotel Waldhaus Wittgenthal
  Wittgenthal 1
  Tel.: 036848 / 869-0

36433 Bad Salzungen
- Jugendherberge Bad Salzungen
  Kaltenborner Straße 70
  Tel.: 03695 / 622208
- Ferienwohnung Halber Mond
  Halber Mond 8–16
  Tel.: 03695 / 602200

36460 Dorndorf
Fahrrad- und Wanderherberge
Hardtstraße 3a
Tel.: 036962 / 21712, 0162 / 758145

36266 Heringen /Werra
- Pension am Werraufer
  Apothekerstraße 13
  Tel.: 06624 / 543787
- Hotel Gunkel
  Wagnersgasse 6
  Tel.: 06624 / 390

99837 Dankmarshausen
Hotel Waldschlösschen
Waldstraße 31
Tel.: 036922 / 437200

99837 Berka/Werra
Freizeitcamp Werra
Mühlweg 9a
Tel.: 036922 / 809971
0173 / 2958531

99834 Gerstungen/Lauchröden
Haus an der Werra
Werrastr. 36
Tel.: 036927 / 90624
0160 / 3579700

37293 Herleshausen
Hotel Schneider
Am Anger 7
Tel.: 05654 / 6428

99817 Eisenach (im Stadtplan)
- City-Hotel
  Bahnhofstraße 25
  Tel.: 03691 / 20980
- Hotel Eisenacher Hof
  Katharinenstraße 11–13
  Tel.: 03691 / 29390
- Jugendherberge Eisenach
  Mariental 24
  Tel.: 03691 / 743259
- Thüringer Hof
  Karlsplatz 11
  Tel.: 03691 / 280
- Pension Katharinenschule
  Katharinenstraße 149
  Tel.: 03691 / 8864202

37281Wanfried-Altenburschla
Landhotel Gemeindeschänke
Am Anger 1
Tel.: 05655 / 92340

37318 Bornhagen/Eichsfeld
Altes Wirtshaus Klausenhof
Friedensstraße
Tel.: 036081 / 61422

37269 Eschwege
- Hotel-Altstadtgasthof Krone
  Stad 9
  Tel.: 05651 / 30066
- Jugendherberge Eschwege
  Fritz-Neuenroth-Weg 1
  Tel.: 05651 / 60099
- Frankfurter Hof
  Alter Steinweg 34
  Tel.: 05651 / 5516
- Konny's Ferienwohnungen
  Brühl 19
  Tel.: 05651 / 6147

37276 Meinhard-Grebendorf
Bett & Frühstück
Eschweger Straße 14
Tel.: 05651 / 32800

37276 Meinhard-Jestädt
Villa Velo
Hauptstraße 18
Tel.: 05651 / 20675

37276 Meinhard-Schwebda
Magda's Pension
Jahnstraße 6B
Tel.: 05651 / 60271

37242 Bad Sooden-Allendorf
- Parkhotel am Schwanenteich
  Rosenstraße 4
  Tel.: 05652 / 6000
- Pension Zur Krone
  Kirchstraße 76
  Tel.: 05652 / 2257
- Landhaus am Ahrenberg
  Auf dem Ahrenberg 4
  Tel.: 05652 / 2538

37242 Bad Sooden-Allendorf
- Radler u. Kanu-Rast Kleinvach
  Fährgasse 6
  Tel.: 05652 / 91210
- Café Pension Feldmann
  Landgrafenstraße 5–6
  Tel.: 05652 / 917878

37318 Wahlhausen
Gastrockscher Hof
Kreisstraße 35
Tel.: 036087 / 90160

37213 Witzenhausen
- Campingplatz Werratal
  Am Sande 11
  Tel.: 05542 / 1465
- Gästehaus Fischer
  Kniegasse 18
  Tel.: 05542 / 936050
- Pension Velologis
  Kniegasse 30
  Tel.: 05542 / 5072231

37213 W.-Carmshausen
Pens. Hotze Hof Carmshausen
Kasseler Landstraße 29
Tel.: 05542 / 3214

37214 W.-Werleshausen
Jugendburg Ludwigstein
Burg Ludwigstein
Tel.: 05542 / 501710

37215 W.-Wendershausen
Gasthaus Zur Krone
Eschweger Straße 14
Tel.: 05542 / 1506

37216 W.-Dohrenbach
Landgut-Hotel Zur Warte
Warteweg 1
Tel.: 05542 / 3090

37217 W.-Ermschwerd
Gasthaus Kremulat
Hubenröderstraße 4
Tel.: 05542 / 72223
0151 / 52435345

37218 W.-Gertenbach
Hotel & Metzgerei H. Wolf
Alte Brückenstraße 14
Tel.: 05542 / 5446

34346 Hann. Münden
- Avalon Hotel Freizeit Auefeld
  Hallenbadstraße 33
  Tel.: 05541 / 7050
- Molkenbrunnen
  Molkenbrunnenweg 38
  Tel.: 05541 / 9992415
- Gästehaus Musmann
  Wilhelmstraße 14
  Tel.: 05541 / 956953
- Hotel Im Anker
  Bremer Schlagd 18
  Tel.: 05541 / 903692
- Hotel Alte Rathausschänke
  Ziegelstraße 12
  Tel.: 05541 / 8866
- Hotel Alter Packhof
  Bremer Schlagd 10–14
  Tel.: 05541 / 9889-0
- Jugendherberge Hann. Münden
  Prof.-Oelkers-Straße 10
  Tel.: 05541 / 8853
- Hotel Zur Fulda
  Ziegelstraße 62
  Tel.: 05541 / 95430
- Hotel Aegidienhof
  Aegidiistraße 7–9
  Tel.: 05541 / 9846-0

34346 Hann. M.-Laubach
Pension Haus Werrablick
Uhleneike 7
Tel.: 05541 / 90660

34346 Hann. M.-Lippoldshausen
Landgasthaus Zur Brücke
An der Brückenecke 2
Tel.: 05541 / 6375

34346 Hann. Münden-Gimte
- Pension / FW Froschkönig
  Berliner Straße 119
  Tel.: 05541 / 7019790
  nicht auf Karte
- Pension Bäckerei Röthig
  Herrenbreite 46
  Tel.: 05541 / 5755

34346 Hann. M.-Wierhausen
Hotel Schlafschön
Letzter Heller 5
Tel.: 05541 / 6446

34346 Hann. M.-Volkmarshausen
Hotel Katzwinkel
Leineweber Straße 26
Tel.: 05541 / 91250
nicht auf Karte

98660 Themar
Mauerstraße; Am Hexenturm
über Touristinformation
Schuhmarkt 6
Tel.: 036873 / 69732

98617 Meiningen
Freizeitzentrum Rohrer Stirn,
Campingplatz Am Schwimmbad
über Stadtwerke Meiningen
Rohrer Stirn
Tel.: 03693 / 484421

98634 Wasungen
Camping an der Werra
über Touristinformation
Untertor 1
Tel.: 036941 / 71505

98597 Breitungen
Kiesseecamping Plus
Tel.: 036848 / 409984
Mobil: 0174 / 3434102

98597 Breitungen/Werra
Campingplatz - Strandbad –
Breitungen
Salzunger Straße 24a
Tel.: 03693 / 484460

36433 Bad Salzungen
Caravanstellplätze am Haad,
in der Werrastraße und am
Flößrasen
über Touristinformation
Am Flößrasen 1
Tel.: 03695 / 69340

36469 Tiefenort
Am Schwimmbad
über Gemeindeverwaltung
Tiefenort
Kirchplatz 5
Tel.: 03695 / 82760

36404 Vacha
Am Schwimmbad,
Am Vachwerk
über Touristinformation
Markt 4
Tel.: 036962 / 2610

36266 Heringen
Werratal-Camping
Am Steinberg 7
Tel.: 06624 / 542022

99837 Berka/Werra
Freizeitcamp Werra
Mühlweg 9–12
Tel.: 036922 / 809971
Mobil: 0171 / 2958531

99831 Creuzburg
Biwakplatz für Kanuten und Radler
Krumos' Aktivreisen & Events
Am Alten Sportplatz
Tel.: 036926 / 72679

99831 Creuzburg
Campingplatz Werratal
Werratal-Tours
Feuergasse 1
Tel.: 036926 / 72464
info@werratal-tours.de

99826 Mihla
- Werra-Erlebnistouren
  Bahnhofstraße 27
  Mobil: 0175 / 8929056
- Caravanstellplätze am Grauen
  Schloss
  über Touristinformation
  Marktstraße 18
  Tel.: 036924 / 489830
- Zeltplatz auf dem Sand
  am Freibad
  Tel.: 036924 / 42485

99826 Ebenshausen
Naturzeltplatz
Neue Straße 19
Tel.: 036924 / 47324

99826 Frankenroda
Landgasthof Probstei-Zella
Camping und Caravan Frau Groß
Probsteizella 1
Tel.: 036924 / 41976
zella@t-online.de

99830 Treffurt
Caravanplätze „Unter den Linden"
an der Werrabrücke
über Touristinformation, Frau Senf
Rathausstraße 12
Tel.: 036923 / 51542

37281 Wanfried/Altenburschla
Camping Altenburschla
Am Rasen 3
Tel.: 05655 / 98940
Mobil: 0152 / 38767045

37281 Wanfried
Wohnmobilhafen Wanfried
In der Werraaue
über Touristinformation
Marktstraße 18
Tel.: 05651 / 331985
oder 05655 / 9894-0

37276 Meinhard-Schwebda
Werratalsee Naturcamp Meinhard
Am Seepark 1
Tel.: 05651 / 9926210
und 3356248

37276 Meinhard/Grebendorf
Campingplatz Meinhardsee
Freizeitzentrum 2
Tel.: 05651 / 6200

37269 Eschwege
Knaus Campingpark Eschwege
Am Werratalsee 2
Tel.: 05651 / 338883

37269 Eschwege
Kanurado
Zeltwiese am Werratalsee
Mangelgasse 30 A
Tel.: 05651 / 2290515

37269 Eschwege
Krumos' Kanubasis
Torwiese 4–5
Tel.: 05651 / 3356390

37242 Bad Sooden-Allendorf
- Caravanplätze in Allendorf-Zentrum und an der Werra
  über Stadtverwaltung
  Herr Langefeld
  Marktplatz 8
  Tel.: 05652 / 95850
- Krumos' Aktivreisen & Events
  Im Eilse 6 / Bootshaus
  Tel.: 05651 / 3356390

37318 Wahlhausen
Camping Oase
Kreisstraße 32
Tel.: 036087/98671, 98645
oder 98676

37213 Witzenhausen
Campingplatz Werratal
Am Sande 11
Tel.: 05542 / 1465

34346 Hann. Münden
Grüne Insel „Tanzwerder"
Tanzwerder 1
Tel.: 05541 / 12257

34346 Hann. Münden
Hotel & Camping Spiegelburg
Zella 2
Tel.: 05541 / 904711

37290 Meißner-Abterode
Gasthaus Höllental
Kupfergasse 19B
Tel.: 05657 / 919139

98724 Neuhaus am Rennweg
Jugendherberge Neuhaus am Rennweg
Apelsbergstraße 61
Tel.: 03679 / 7228-62
Fax: 03679 / 7003-84
jh-neuhaus@djh-thueringen.de

36433 Bad Salzungen
Jugendherberge Bad Salzungen
Kaltenborner Straße 70
Tel.: 03695 / 6222-08
Fax: 03695 / 6288-33
jh-bad-salzungen@djh-thueringen.de

99817 Eisenach
Jugendherberge Eisenach
Mariental 24
Tel.: 03691 / 7432-59
Fax: 03691 / 73499-72
jh-eisenach@djh-thueringen.de

37269 Eschwege
Jugendherberge Eschwege
Fritz-Neuenroth-Weg 1
Tel.: 05651 / 60099
Fax: 05651 / 70916
jh-eschwege@jugendherberge.de

34346 Hann. Münden
Jugendherberge Hann. Münden
Prof.-Oelkers-Straße 10
Tel.: 05541 / 8853
Fax: 05541 / 73439
hann-muenden@jugendherberge.de

Ortsverzeichnis *(im Text fett hervorgehobene Orte)*

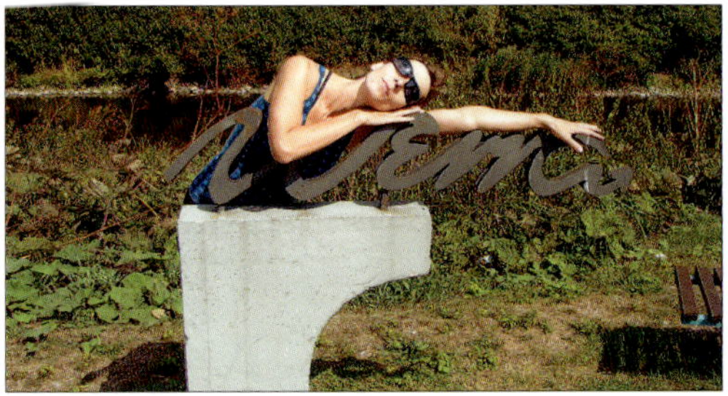

Reise- und Wanderführer

- Werratal, Tino Sieland, Wartberg-Verlag, Gudensberg-Gleichen 2011
- Ländliches Werratal; Heinz Nießler, Rockstuhl Verlag, Bad Langensalza 2013
- Freizeitführer Nordhessen, Michael Schnelle, Wartberg-Verlag, Gudensberg-Gleichen 2014
- Baedeker Thüringen, Diana Stahn, Karl Baedeker Verlag, Ostfildern 2013
- DuMont Kunst-Reiseführer Thüringen, Hans Müller, DuMont Reiseverlag, Ostfildern 2010
- Thüringen: Polyglott on tour mit Flipmap, Rasso Knoller, Oliver Gehrhard u. Ursula Pfennig-Pérez, Travel House Media, München 2014

Wanderkarten

Rad- und Wanderkarten Naturpark Thüringer Wald im Maßstab 1:30.000, *grünes herz*®

- Nr. 17: Schaumberger Land - Bleßberg, ISBN 978-3-935621-25-0
- Nr. 13: Themar und Umgebung, ISBN 978-3-925621-19-9
- Nr. 8: Der Dolmar und Meiningen, ISBN 978-3-929993-16-5
- Nr. 2: Trusetal, Bad Liebenstein, Bad Salzungen, ISBN 978-3-929993-44-8
- Nr. 1 Eisenach und Ruhla, ISBN 978-3-929993-14-1

Wanderkarte 1:50.000, *grünes herz*®

- Westlicher Thüringer Wald und Nationalpark Hainich, ISBN 978-3-935621-08-3

Fahrradkarten 1:75.000, *grünes herz*®

- Meiningen, Südthüringen, ISBN 978-3-86636-083-9
- Eisenach, Westthüringen, ISBN 978-3-86636-082-2

ADFC Radtourenkarten 1:150.000, Bielefelder Verlag

- Nr. 12: Harz/Leinetal, ISBN 978-3-87073-552-4
- Nr. 17: Thüringer Wald/Rhön, ISBN 978-3-87073-543-2

Bestellungen über: Verlag *grünes herz*®
Am Hang 27–28, 98693 Ilmenau • Tel.: 03677 / 46628-10 • Fax: 03677 / 46628-11 • www.gruenes-herz.de • bestellung@gruenes-herz.de

THÜRINGER WALD.

Ihr Urlaub am Rennsteig

Servicetelefon 03682/47769-20 | www.thueringer-wald.com

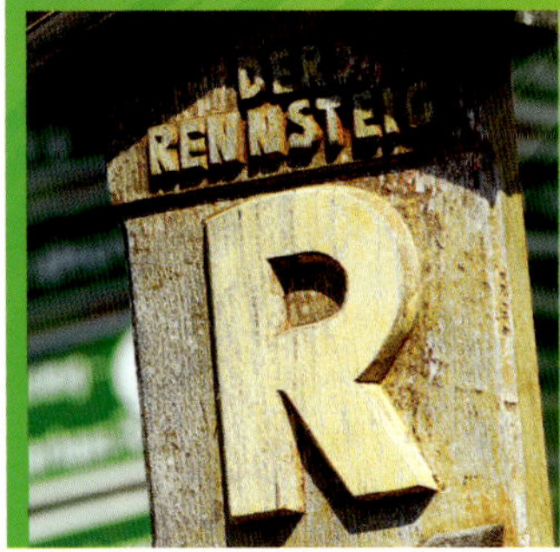

Aktiv am Rennsteig im Thüringer Wald:

› Aktiv Wandern
› Aktiv im Winter
› Aktiv per Rad

Der Rennsteig... einer für Alle(s)!

→ Seite 14

... dort, wo der RENNSTEIG Rennweg heißt.

Neuhaus am Rennweg

Staatlich anerkannter Erholungsort und Wintersportzentrum

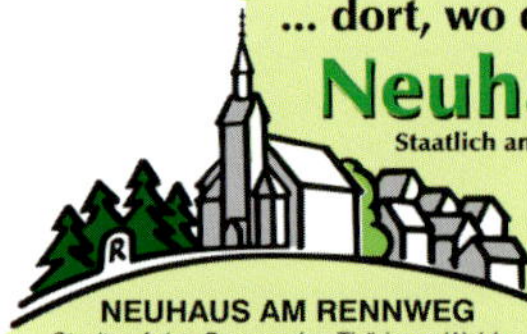

NEUHAUS AM RENNWEG

Stadt auf den Bergen des Thüringer Waldes

(835 m NN)

TOURISTINFORMATION

98724 Neuhaus am Rennweg • Marktstraße 3
Tel. (0 36 79) 1 94 33 • Fax 70 02 28
touristinformation@neuhaus-am-rennweg.de
www.neuhaus-am-rennweg.de

Garantierter Ferienspaß...

★an der Tubinganlage OT Siegmundsburg
★im Erlebnismuseum und im Geißlerhaus
★in der Freisportanlage und am Kletterturm
★im idyllisch gelegenem Waldbad
★in der einzigartigen Holzkirche
★sowie beim Wandern und Radfahren

„Dem Himmel ein Stück näher!“

... auch zuständig für die Ortsteile Steinheid, Limbach, Neumannsgrund, Siegmundsburg und Scheibe-Alsbach!

→ Seite 6

TravelButler
Radfahren, Wandern & Aktivurlaub in Thüringen

Travel Butler©
Reiseveranstalter

Mario Hirt
Inhaber

Karolinenstraße 49
99817 Eisenach

M: +49 (0) 174 64 050 43
T: +49 (0) 3691 85 488 220
F: +49 (0) 3691 85 488 229

service@radfahren-in-thueringen.info
www.radfahren-in-thueringen.info

→ Seite 58

→ Seiten 73–74

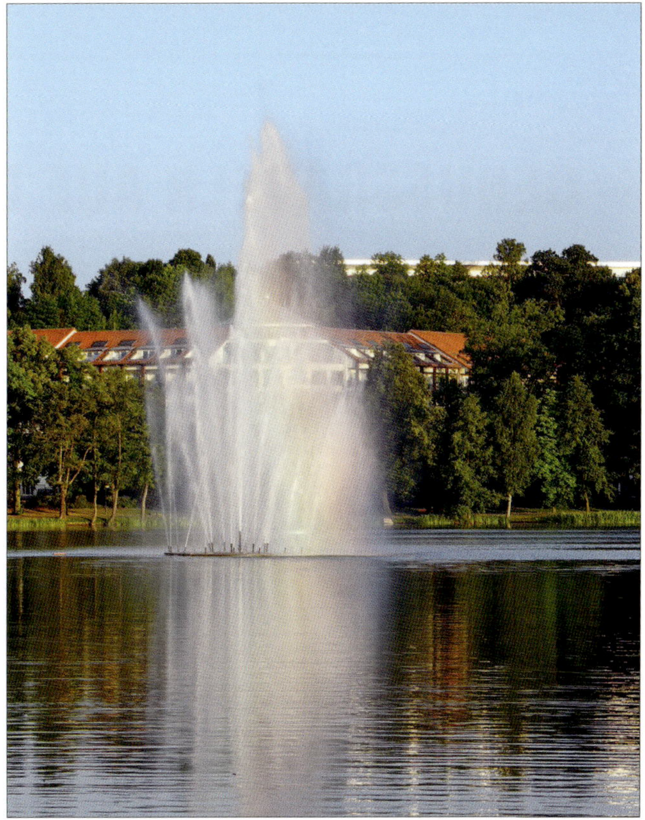

Salzunger Burgsee mit Fontäne

GENUSSRADELN AUF DEM WERRATAL-RADWEG

Kaufen Sie die Radwanderkarte vom Grünen Herz - wir haben dazu jede Menge gute Rad(t)schläge. Ordern Sie unser Radtourenbuch mit Sehenswürdigkeiten, Gastgebern, Serviceinfos und Tipps für weitere Touren auf den vielen Rad-Ab- und Zuwegen hin und weg vom Werratal. Gern organisieren wir auch Ihre Radreise - ganz individuell nach Ihren Ansprüchen. *(112 Seiten, Schutzgebühr 5,00 €)*

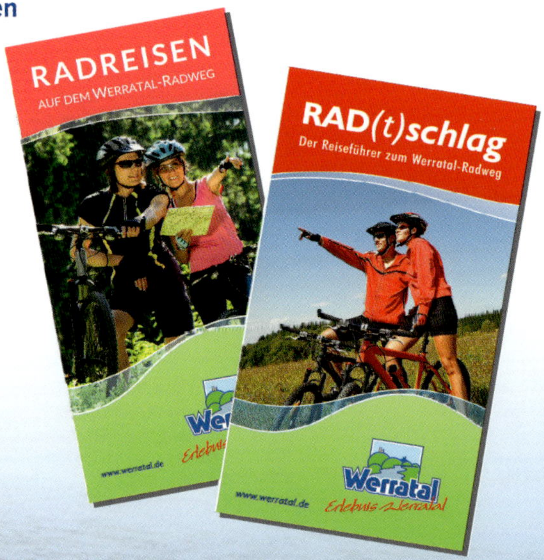

Werratal
Erlebnis Werratal

Werratal Touristik e. V.

Am Flößrasen 1, 36433 Bad Salzungen
Tel. 03695/861459, Fax 03695/8619680
E-Mail: info@werratal.de

Besuchen Sie uns auch im Internet:

www.werratal.de